Co w sercu śpjywo
..Co w duszy mi gro

Published by Hensom Publishing House dba Wydawnictwo SlonskoGodka

publishing@hensom.com

http://publishing.hensom.com/

All rights reserved

Copyright © 2015 by Hensom Publishing House

All rights reserved. No part of this publication may be reproduced, distributed, or transmitted in any form or by any means, including photocopying, recording, or other electronic or mechanical methods, without the prior written permission of the publisher, except in the case of brief quotations embodied in critical reviews and certain other noncommercial uses permitted by copyright law. For permission requests, write to the publisher, addressed "Attention: Permissions Coordinator," at the e-mail address below.

Wszelkie prawa zastrzeżone. Żadna część niniejszej publikacji nie może być powielana, rozpowszechniana, ani przekazywana w jakiejkolwiek formie lub w jakikolwiek sposób, w tym kopiowanie, zapisywanie lub innych metod elektronicznych lub mechanicznych, bez uprzedniej pisemnej zgody wydawcy, z wyjątkiem krótkich cytatów zawartych w krytycznych opiniach i niektórych innych niekomercyjnych zastosowań dozwolonych przez prawo autorskie. Wnioski z prośbą o pozwolenie prosimy kierować do wydawcy, "Uwaga: Koordynator Uprawnień ", na poniższy adres e-mail.

Hensom Publishing House

http://publishing.hensom.com/

publishing@hensom.com

First Edition, January 2016

ISBN-13: 978-0-9971007-0-9

Design by Interactive Design (http://interactive-design.gr)

5	MOJA ŚLONSKO ŻIYMIA	40	HOBBY
6	ŚLONSKI CHLYB	41	WDOWA
7	ZIYMI KERE PSZAJYMY	43	SZUKAŁA ROZ FRELA
7	KIEDY YNO SE ROZEJRZA DOKOLA,	45	ŚLONSKO OŁMA
8	ŚLONSKO GODKA	46	SZFARNE FRELE
9	RYMOWAMKA	47	SAMOTNE LISTKO
10	ŚLONSK MOJE MIEJSCE	48	KIEDY JEST MI SMUTNO
12	WOŃ LATA -MOJI PSZONI	49	POETA
14	IDA SZPACYRKYM MJYNDZY DYMBAMI	50	BUDZIK DZWONI
16	NASZE MIEJSCE	51	SIEDZA NAD WODOM
17	A JO GODOM	52	PONAD WODOM..
18	STRZYBNO JESIYŃ	53	MY I SZTYRY PORY
19	JO CI PSZAJA TY MI PRZAJESZ	54	GOROL OSWOJONY
21	KEDY SŁYSZA OJCZYZNA	55	PYTANI WNUCZKI
22	POWROTY!	56	KOKOT
23	NASZA MAŁO OJCZYZNA.	57	MUCHA
24	MOJ RODZINNY DOM	58	PORANEK Z KOKOTYM
25	TWORKÓW	59	STARE PRZISŁOWIE...
26	TYN NASZ ŚLONSK	61	PISMO DO POMBOCZKA
27	W DUSZY MI GRO	62	ANIOŁ NADZIEJI
28	NASZA GODKA	63	ZIYMIA ŚPJYWO
29	A TAKOCH JE JO.	65	ANIOŁEK Z NIEBA
30	KEJŚ MOJ DOM..	66	RZYKOM
31	JO FRELA	67	RZYKANIE MATKI
32	MOJI KAMRACI	68	SZANUJ OJCA,SZANUJ MATKA.
33	WCZASY !	69	UKWIECONY DZIEŃ MATKI
34	PORANEK I JO	70	MAJOWO ROBOTA
35	MOJE LATA	71	DZISIEJSZE ŚWJYNTO
36	KAMRADKI	72	SŁODKA TAJEMNICA
37	DWA SOMSIEDZI.	73	CZAS Z ROKYM
38	IDZIE KARLUS NA ZOLYTY !	74	WIOSYNNY TANIEC
39	TATA	75	DZIYŃ

76	DZISIEJSZO WIOSNA	108	JESIENNA KAMRATKA
77	ZAŚ ZAGRZMIAŁO	109	KARTOFLISKO
78	PSZISZLA WIOSYNKA	110	JESIYŃ IDZIE
79	TELEFON DO WIOSNY	111	JEDNA KROPLA
80	ŚNIEŻYCZKI	112	RÓŻAŃCOWY PAŹDZIERNIK
81	PJYKNO WIOSNA	113	PÓJDA JO SE PÓJDA...
82	HEJ KAJ TA WIOSNA	114	MALUTKO BARBORECZKA
83	WIOSNA IDZIE	115	BARBÓRKA.
84	WIOSYNNY SŁONKO	116	CZORNE ZŁOTO
85	NASZE ZAŁOMANIY	117	SMUTNY BERKMON
86	WIELKANOCNE ŚWJYNTOWANIY	118	NASZO BARBÓRECZKA
87	ALLELUJA JEZUS ŻYJE!	120	SŁONKO W KOPALNI
88	MOKRY PONIEDZIAŁEK	121	IDZIE BERKMON
89	WITOM DZISIO	122	NA ŚLONSKYJ ZIYMI
90	WOŃ FIOŁEK	123	JUŻ ZIMA IDZIE
91	WOŁOM LATO	124	PADO ŚNIYG
92	A MIE SE CHCE LATA	125	ZE ŚNIEGA GWIOZDKI.
93	LATO, LATO, LATOO...	126	JO ŚWJYNTEGO ZNOM
94	IDA SZPACYRKYM	127	ZE ŚNIYGU PONEK
95	NAD MOJOM KOLYBKOM.	128	PISMO DO DZIECIONTKA
96	BAJTLOWO KOLYBANKA.	129	ŚWJONTECZNY KAPER....
97	MAMINA PIEŚNICZKA	130	WESOŁY KULIK
98	ŚPI BAJTELKU ŚPI	131	KAPER.
99	LULI LULI LI....	132	DZIECIONTKO Z NIEBA
100	ŚPI JUŻ ŚPI	133	WIGILIJNY WIECZÓR...
101	KOLYBUSIA	134	WILIJA
102	KOŁYSANKA	136	ZIMOWE MARZYNI
103	CICHO KOLYBANKA	137	NOWY ROCZEK
104	NOCNO WRÓŻKA	138	PANOCZEK LUTY
105	JESIENNE WRZOSY		
106	JESIYŃ W PARKU		
107	KRÓLEWNA JESIYŃ		

SŁOWO WSTYMPNE

W dzisiejszych czasach dlo wiela ludzi liczy se yno to co teraz abo co bydzie dopjyro,
Z niechyńciom wrocajom do przeszłości, do swoich korzyni,
zapominajom godać po ślonsku, eliminujom godka ze swojego życia.
Ale dzisiej ważne je przekazywanie obyczajow, tradycji czy godki młodym ludziom,
by kaj yno zaniesie ich los pamjyntali skond sie wywodzom,
by pamjyntali o naszej małej ojczyźnie kiery je Ślonsk.
Oddajemy w wasze ręce wiersze pisane po ślonsku, wiersze pisane sercem.
Autorka piszonca te wiersze,pszaje Ślonske Ziymi na kere mjyszko od urodzynia,
i kero swoje godki nie dała sie wykorzynić.Maria Kostrzewa
jest rodowitom tworkowiankom, wsi spod Raciborza, kero to wieś zdobyła tytuł
nojpjykniejsze wsi województwa ślonskigo.Od paru lat pisze wiersze,
mjyndzy innymi po ślonsku,tymatym wierszy jest slonsko ziymia ,
i jak sama mówi co jej w sercu gra. W swojej mjejscowości na roztomańte uroczystości,
oblyko pomału już zapomniany tradycyny ślonski stroj. Kocho przyroda,
to z niej biere tymaty dlo swoich wierszy. Na swoim kole przemjerzo polne drogi
mjyndzy łanami objylo,Przysiednie nad stawym czy wsłuchuje sie w śpiew słowika
siedzonc na powalonym drzewie,ale dycki ze swoim aparatem fotograficznym .Lubi fotografować otaczajonco jom przyroda.z takich wypadov wraca pełno energi, siado przy komputerze
,wgrywo fotki i zaczyna pisac wiersz ,Wtedy tak rodzi se wiersz-Co w sercu śpjywo, co w duszy
mi gro.

Maria Kostrzewa • Co w sercu śpjywo ..Co w duszy mi gro

MOJA ŚLONSKO ŻIYMIA

Jest take pjykne miejsce na tym świecie
Na kere tynsknie kożdy wrocać chcecie.
Ślonsko Zymia, ziymia ojcow
to jom momy wszyscy w sercu.
Tu dlo mie czas, zatrzymoł se w jednym miejscu.
To tu jest moj świat, z radościami i smutkami.
Tu jest moj dom, i ziymia z pszynicznymi łanami.
Tu Jaskółki wrocajom pod dach, kożdej wiosny.
Tu łonki o świcie, świycom sie od srebrzystej rosy.
Tu biołe obłoki pływajom po niebie, by przeglonać se w jeziorze.
Śpjyw ptokow i kumkanie żab, słychać o kożdej porze.
Tu rosną stare Dymby, kere przetrwały wiekami.
Tu je mój świat pisany moimi wierszami.

ŚLONSKI CHLYB

Pszaja Ślonski ziymi z woniawym chlebym,
z grubami i pszynicznym polym.
Tu jest moje miejsce na ziemi, moj dom,
pszaja tymu mjejscu i nigdzi nie pójda z tond.
To tu, kaj mie urodziyła pszed laty matka,
wrosłach w ta ziymia, i zostana do ostatka.
Tyn szmak świyżego chleba rada mom,
z masłym skosztować tesz ci dom.
Poczujesz wtedy szmak naszego chleba,
woniajoncym słonkiem i błynkitym nieba.
Wiosnom i woniom świyżej ziymi,
Latym, dojrzewajoncymi owocami.
Poszmakujesz trocha złotej Jesiyni
i Zimy, co strzybłym se mjyni.
Taki pecynek chleba złoty, woniawy,
taki chlyb yno doma tu momy.
Nigdzi na świecie tak nie szmakuje,
bo w nim woń rodzinnego domu poczujesz.
Usłyszysz śpjyw ptoszkow o poranku,
i poczujesz woń zioł zaparzonych we dzbonku.
Wrocisz wspomnienami w dziecinne lata
kej woniawy chlyb jedli z tobom, mama i tata

ZIYMI KERE PSZAJYMY

Kiedy yno se rozejrza dokola,
coś wy mie radośnie śpjywo, i woła.
Na tej mojej ślonski ziymi,
co se wynglym czonym mjyni.
Kero w sercach naszych momy
tej ziymi kere durch pszajymy.
Kiedy yno se rozejrza dookoła,
coś wy mie radośnie śpjywo, i woła.
To tu miejsce moje jest,
kaj chabry modre kwitnom fest.
Kaj czerwone maki, pola zdobiom,
to tukej stoji, moj przytulny dom.
Tu serce moje radośnie bjje,
tukej na tej ziymi, mi se dobrze żyje.
Tu kaj chlyb krzyżym znakujymy,
i okruszynka, z szacunkym z ziymi podnieśymy.
Żył tu moj ojciec, żyła moja matka,
jest wrosnyto w ta ziymia mojego serca czonstka.
Kiedy yno se rozejrza dookoła,
raduja se tym że na tej ziymi żyć moga.
Słysza wrobli głośne ćwjyrkaniy,
a nad polami skowroneczka śpiywaniy.
Choć nieroz wiater mi w oczy dmucho,
pszaja tej ziymi, wtedy szeptom mu na ucho.
Twardo wrosłach w ta Ślonsko ziymia,
i bela jaki wiater tego nie zmjyni, wytrzymia.

ŚLONSKO GODKA

ŚLONSKO GODKO ty boroku
Szkalujom cie na kożdym kroku
Czy na forum,czy wierszykym
po cichutku,i ze krzykym
Choć żeś borok,ale twardy
po przegoniosz kożde bandy
co cie ruszyć by też chciały,
ale sami na sie, kołki strugały.
Niech nom ŚLONSKO GODKA żyje
a podżygoczy godkom po łepie bije
Naucz godać wszystkich lyni
co im sie we łepie zielyni
Niech se im rozjaśni wreszcie
niż wylądują w hareszcie

RYMOWAMKA

Kiedy słonko śwjyci, wtedy dobrze se czuja.
To też z humorym zaroz rymuja.
Wierszyki do rymu wesołe szkryflom.
Mjyndzy rymy kwoteczka wplatom.
Zamiast przecinków, som promyki słoneczne.
A w miejsce kropek, sadzam ptoszki jeszcze.
Już wesołe rymy dokupy tańcujom.
A przecinki z kropkami, dokupy flirtujom.
I tak cołki dziyn rymuja co chwila.
Jak wieczor przidzie, w rymy gwiozdki wplatuja.
Kedy na wieczor jasne gwozdki śwjycom.
To rymki gwieździste, jak z rynkowa lecom.
Kiedy spać się kłada, rymy w głowie mam.
I kedy rano wstowom, na kartka je przelywom

Maria Kostrzewa • Co w sercu śpjywo ..Co w duszy mi gro

ŚLONSK MOJE MIEJSCE

Kożdy w życiu czymuś pszaje i jo taki miejsce mom.
Jedni lubiom obce kraje, a jo w sercu mom nasz Ślonsk.
Choć tam pjyknie se mjyszkajom ale jo pochodza stond.
Nic mi wjyncy nie potrzeba,tu kamratow przeca mom.
Na tej nszej Ślonskej Ziymi, kaj urodziyła matka mie.
Bo tu na tej Ślonskej Ziymi serce moje zowdy je.
Tu starzyki już mjyszkali,tu na Ślonsku je mój dom.
Jasne słonko też tu świyci,o odpoczywać też kaj mom.
Bo tu na Ślonsku, jest moje miejsce.
Tu se zaśpjywom, kołocza zjym jeszcze.
W niedziela kluski rolada na objod mom.
Dyć to nasze Ślonske maszkety som.
Choć tam se leżom kajś na złotych plażach.
Jo se tu na spacer do lasu pojada.
Słochom se ptoszkow jak po naszymu śpjywajom.
Odpoczywom nad wodom, kaj ryby chytajom.
Piramidy majom abo góry?to tak jak nasze hołdy.
Kere wyglondajom jak te od nich, doprowdy.
Ale najwarzniejsza je ta Ślonsko Zymia.
Do kerej korzyniami se do końca trzymia.
Żodyn nie wyrwie mi pszonio tego.
Byda tego bronic do upadłego.
Bo na tym Ślonsku je moje miejsce.
Tu se zaśpjywom i kołocza zjym jeszcze.
W niedziela kluski rolada na objod mom.
Bo to nasze Ślonske maszkety som.

Maria Kostrzewa • Co w sercu śpjywo ..Co w duszy mi gro

WOŃ LATA -MOJI PSZONI

Siodom na łonka, a pozor dowom
aby kwiotka nie pognyść.
Siedza na tepichu utkanym z kwiotek
kere woniom, bo wszystkie majom woń lata.
Gynsipympi mrugajom do mie radosne,
bioło kończyna, swojom głowkom kiwje.
Margaretka do słonka se pjyknie kłanio,
A maki czerwone w rumianku tańczom.
Dzwonki liliowe dzwoneczkami ruszajom,
a pszczoły do taktu przygrywajom.
Słochom pszczółek ciche graniy
i bzykaniy żuczka, co na żołty mlycz przyfjurgoł.
Z barwnych kwiotek pleta wionki i raduja se
widokym jaki mom przed sobom.
Prziglondom se przidrożnymu krziżowi,
kery od wieków na tej ziymi stoji.
Wionki już uplytłach trzi, no czworty rzech juz zaczła
jak pójda nazot,to przistroja wionkami krziż.
A przedymnom, dali rozciongo se pjykny widok,
moja rodzinno Ślońsko ziymia cało w słońcu.
Ziymia, kero od urodzynio przeca znom,
kero w sercu mojim mo swoji mjejsce.
Zaglondom na chałupy i zielone zegrody
na wierza kościoła, co słońce oświytlo.
I czuja w sercu duma rzech je stond,
że wyrosłach na tej Ślonski Ziymi
A pszaja tej ziymi na kerej wyrosłach,
pszaja tak, że z uciechy serce śpjywo.
Pszaja tak fest, że to pszoci
do końca moich dni mi styknie.

Maria Kostrzewa • Co w sercu śpjywo ..Co w duszy mi gro

IDA SZPACYRKYM MJYNDZY DYMBAMI

Ida spacyrkiem, miydzy wiekowymi dymbami.
A wiater mi gro, skrzypionc konarami.
Słonko przygrzywo, ptoki ucichły żodyn nie śpiywo.
Żodnego nie spotykom, jestech tu yno jo.
Szumiom liści starych dymbow, konary skrzypiom do taktu.
Jakby mie pytały poco idziesz prawie teraz tu?
Poco kroczysz w szumie wiatru?
Czamu sama,samjutko idziesz tu?
Po co na wyschnytej ziymi siodasz?
Kej hyn na łące miynko trawa masz.
Milczonc siedza, i w szum dymbów se wsłuchuja.
A stare dyby opowiadajom, i obrazy z dawnych czasów pokazujom.
A jo widza jak we śnie,łany pszenicy poruszone wiatrym.
Żniwiarzy,jak koszom kosami zbożne ze śpiywym.
Żniwiarki z kosokami, a nad nimi złote słońce.
I widza galopujoncego na koniu zarzondce.
Starszo kobieta,idzie ze dzbanem źródlanej wody do żniwiorzy.
I widza uśmiech żniwiorza, kedy jom ujrzał,bo słonko dzisiej praży.
Wre robota, żniwiorze pot obcierajom z czoła.
Widza i dzieci, co lotajom i jedno do drugiego woło.
Naroz głos kruka sprowadzo mnie na ziemia
rozglondom se dokoła, co to tu było? nie wiym.
Bo dali szumiom liści starych dymbow.
A wiater w konarach dali gro,i słychać głos krukow.
Pomału wstowom spod dymbu i w droga powrotno se udowom.
Chyba pod dymbem przyśniyłach, tak mi se zdowo
Wracom spacerkiym, miyndzy wiekowymi dymbami.
A wiater mi gro, skrzypionc konarami.
Słonko przygrzywo, głos krukow słychać daleko
Żodnego nie spotykom,yno wiewiórka co przedymnom ucieko.

NASZE MIEJSCE

Ogromny jest tyn świat, i nasze miejsce w nim,
Od wzburzonych morza fal, po szczyty śniyżnych gór.
Jak malyńka kropla wody, mjyndzy oceanu wodami
Istniejymy, i miejsce swoje momy.
Roz jasno radościom promieniujymy,
Roz smutku chmurami se odziejymy.
Idziymy przez życie cołki czas przed siebie
Jak okrynt szarpany wiatrym, płyniymy do przodku.
Przez burze i nawałnice, w słońcu, czy jako rozbitki
Dryfujemy do brzegu,by życie w gorść swoja wziońć.
By zaś pływać dali, po wzburzonych,
Czy spokojnych falach naszego życia.
Bo ogromny jest tyn świat, i nasze miejsce w nim.
Czy w sercach bliskich, czy przyjacioł wspomniyniach...
Ale my tam som aż przyidzie kedyś dla nas taki czas,
I wypłyniymy na ostatni życia rejs,
Tedy już yno pozostanie po nas,
Zanikajoncy ślad..cicho... pustka.
Jakby nas wcale nie było..........

A JO GODOM

Mówić, nas pięknie uczyli w szkole,
my se doma, po naszymu godali.
Choć po łapach my za to dostali,
dali my w ojcach mowie, go-da-li.
Na dyktandzie pięknie my pisali,
ale stylistyczne blyndy, nom w tym podkryślali.
Godko nasza godko, co cie tak potympiali,
ty tu zostaniesz, i dali bydymy godali
I jak jo je ŚLONZACZKA,
żodyn, godom żo-dynn,
nie zakoże mi ciebie używać
choby mi to na piśmie dali

STRZYBNO JESIYŃ

Na dłogim spacyrze w parku byłach
spotkałach tam kogoś,oczom nie wierzyłach..
Z wrażyna siadłach aże na ławeczce,
i przyglondom se pjyknej paniyneczce.
Szata miała ze mgły z perełkami rosy,
srebrne jak nitki babiego lata, miała długie włosy.
Z koszyczkym owocow chodziyła po parku.
korale z Jarzymbiny czewjyniyły na karku,
Z liści wjonek na głowie ozdobiony Jarzymbinom,
kiedy tak szła ptoczky fjurgały nad niom.
Wiewjórki do niej podchodziyły,orzechy im dała,
wszystkie ptoszki dokoła, ziorkami czynstowała.
Park pod jej dotykym barwami se mjyni,
od korony stromow do krzokow na ziymi.
Wrzosy zakwitły drobnymi kwiotkami
kiere ozdobjyła rosy kropelkami.
Kedy przechodziyła, uśmjychym witała,
I kropelkami rosy mie poczynstowała.
Ze swojom świtom tanecznym krokym,
przetykała park strzybnym mrokym.
Stanyłach i zamyślono ku domowi ida,
do mi odpowjy, czy to Pani Jesiyń była?

Maria Kostrzewa • Co w sercu śpjywo ..Co w duszy mi gro

JO CI PSZAJA TY MI PRZAJESZ

Jo ci pszaja ty mi przejesz,
pszez to nima żodnej haje.
bo to pszoni z serca wylazuje,
nie robi haje yno pośpjywuje.
Pośpjywuje o młodych co sie pszajom,
o przocielach co nas radzi majom.
O dzisciach co pszoć uczymy,
i wnukach jak se urodzom już im pszajymy.
Przajemy chłopu na dobre i na złe,
pszajymy ojcom,a przejemy fest.
Jeść przejemy bez tydzyn i w niedziela,
Pszajymy maszkecić ale ni za wiela.
O przoniu faroż na kozaniu godo,
pszoć musi kożdo czy staro czy młodo.
Piwje przajom chłopi, i na nie lotajom.
Baby pszajom klachom,ale i chłopy klachajom.
Przeje nom chłop i roz w roku kwiotka kupuje,
pszaje i piniondzom i na piwo szporuje.
Pszajymy kwiotkom pełno ich na oknie momy,
Jakby nom chłop nie przoł to go wykopomy.

Pszoć pszajymy tym co ich radzi momy,.
I to nasze prze-ni za darmo rozdowomy.
Nie pszajymy deszczu kej cołki tydzyń pado,
nie przajemy takimu co o nas źla godo.
Pomboczku powjydz czy jo dobrze robia
czy kołocz jym czy go yny zgobia.
Powjydz mi, bo starości mom wiela.
czy jo je Śląsko dziocha aboch Ślonsko frela.
Czy jo szczewiki obuwom abo botki nosza,
jak mom godać, dejcie mi to,
abo jo wos o to prosza.
Czy jo topia w piecu abo w piecu pola,
czy rorzygom światło abo go zapola
Jo jusz se tu we wszystkim traca
Czy mom do kopania kopaczka czy mom graca.
Czy Pszaja mom tu we wierszu pisać
abo przaja mom na to mjejsce dac?
Pomboczku powjydz mi prosza pjyknie
jak ty mi odpowjysz to mi styknie.

KEDY SŁYSZA OJCZYZNA

Kiedy słysza słowo Ojczyzna
to przed oczami mom Ślonsko Ziymia.
Kiedy usłysza Ślonsko Ziymia
to dłoży tego nie strzymia.
Widza zielone łąki, pola, lasy,
widza hołdy, kominy i szyby.
Kiedy słysza, to jest Ślonsk,
to roztomańte uczucia wy mie som.
Widza berkmona schorowanego,
z gołymbiami rozprawjonjoncego.
Widza starka w mazelonce i szatkom na glowie,
czuja woń obiadu i kołocza przy kawie.
Widza starzika z wiadrami pełnymi wody,
kerymu coroz ciynżyj to niyść, bo nima już młody.
Berkmonow wracajoncych ze szychty z czornymi oczami,
i jak urobioni wrocajom ze spuszczonymi głowami
Słysza muzyka jak keryś na cyji pjyknie gro
i słysza jak keryś przy tymu pjyknie śpjywo.
Czuja woń maszczonych kartofli jak zbliżo se wieczerzo,
słysza głosy matek wołajoncych bajtla swojego.
Kedy yno słysza słowo ojczyzna,
to tako mom w pamjynci Ślonsko Ziymia.
Ludzi robotnych, prostych ze swojimi śpjywkami,
ale te czasy już minyły, już som za nami.
Dzisiajszy Ślonsk to niy to co kejś było,
teraz na Ślonsku wszystko se zmjyniyło...

POWROTY!

Z wiosnom ptoki z ciepłych krajow pszifjurgujom,
Bo nigdzi indzi gniozd swojich nie zakłdajom.
Przez góry, morza, długo droga pokonujom,
I w swojim gniozdku, młode wysiadujom.
Z poczontkiem lata, feryje se zaczynajom,
A ci co wyjechali, na feryje do domow wrocajom.
Gno ich tynsknota kajś w sercu skryto,
Setki aut gno, żodyn o droga nie pyto.
Kożdy do swojich stron wraco rodzinnych,
By pobyć z ojcami, odwiedzić z rodziny inszych.
Pogodać z somsiadami, posiedzieć przy rodzinie,
A tu trzeba się zbjyrać, jak ten czas pryntko płynie.
Czeko robota, dom w nowej ojczyźnie,
Szkoła, obowionzki, jak w kożdej rodzinie.
Yno na sercu coś ciynszkigo leży,
Tsza niechać ojcow, a opieka im se noleży.
Teraz takie ciynszke czasy pszyszły,
Że z kożdego domu dzieci świata wyjechały.
Yny starzy i wdowy w domach zostali,
Tak, jakby już nie byli żodnymu potrzebni.
Siostry z Caritasu do opieki zostały,
I somsiadki, co jedna drugo odwiedzały.
Pusty dziśej kościół, co kiedyś pełny że na dworze stoli,
Dziśej już wyjechali ostatni, co do robot se dostali.
Cicho wszyndzi pusto wszyndzi,
Kożdy se pyto, co z nami bydzie.
A my bydziemy zaś czekać na przyjazd dzieci,
Ale dla nas ten czas se dłuży, a życie pryntko leci.

NASZA MAŁO OJCZYZNA.

Ślonsk naszo mało ojczyzna, tak kochano,
Małymi i wielkimi miastami i wsiami obsiano.
Falujoncymi łanami objyło jak złotym przetykano,
Kopalniami i czarnymi hałdami pomalowano.
Drogami polnymi kwiotkami obstrojono.
Ludziami robotnymi, prostymi, i bardzo gościnno.
Ze śpiywym muzykom i biesiadami,
Swojom godkom, fajnym hobby – gołymbiami.
Dobrym jedzyniym i woniawym kołoczym,
Złotym piwym i dobrym humorym.
Z uciechami i ze swojymi smutkami,
Górniczom robotom i wielkimi nieszczyńściami.
Ty, Ślonsko Ziymio rodzinno naszo,
Ze swojym życiym, ale jako inkszo.
Z przebłyskym słońca i pokryto smogym,
Ludziami rozmańtymi, ale pojednano z Bogym.
Starzikow grobami i ojcow poznakowano,
Z nadziejom na prziszłość kero jest nom dano.

MOJ RODZINNY DOM

Kochom moj rodzinny dom.
Kochom woń naszych łonk.
Kochom miodu słodki szmak.
I graniy pszczołek w lipie w takt.
Kochom moj rodzinny kraj.
Kochom nasz zielony las.
Polno droga kero znom.
Polne kwiotka w sercu mom.
Kochom polne droszki malowane.
I kszipopy z niezapominajkami obstrojone.
Kochom tyn nasz Ślonski kraj.
Kery dlo mie jest naj! Naj!
Choć los ciepnoł mie w świat daleko.
To w sercu dycki mam to wszystko.
Tyn widok pszynicznych pol złocisty.
Czerwonymi makami przetykany.
Ten szmak chleba domowego.
I złotego kołocza woniawego.
Tego obiadu niedzielnego.
Czy widoku domu rodzinnego.
Kocham Ślonsk moj rodzinny.
Taki bliski ale jaki inszy.
Ze swojom gadkom, pieśniczkami.
Rodzinnom wjynźiom, spotkaniami.
Kochom to wszystko i w sercu mom.
I to kochaniy mojim następcom dom.
By to kochaniy po mnie pielyngnowali.
I o swojich korzyniach pamiyntali.

Maria Kostrzewa • Co w sercu śpjywo ..Co w duszy mi gro

TWORKÓW

Tworków, to jest najpjykniejszo wieś.
Drugiej takiej, nie umisz na mapie znejść
Momy tu atrakcji wiele,
Choćby, nekropolia we tutejszym kościele.
Kościół zabytkowy, z piyknymi ołtarzami,
Oraz park stary, z zamku ruinami.
Fajny mały kościółek, św. Urbana,
I jeszcze jedna rzecz zapomniana.
Dwie Boże Mynki, drogowskazy stare,
Kiere znakowały nom drogi prastare.
Jeszcze jedna, użyteczno rzecz jest,
To młyn, choć stary, ale miele fest.
Nasz Tworków to wieś, nie wiocha,
Momy se czym chwolić – zabytków jest trocha.
Ale wizytówka Tworkowa momy,
To piykny kościół, i ruiny zomku, na czoło wystawiomy.
Basyn jest w parku, choć mały, ale se kompjymy.
Momy ścieżki rowerowe, po kierych ciągym jeździmy.
Zaś w nadodrzańskim lesie wiosnom, masa śnieżyczek rośnie,
Calutki las bielusieńki, tego nigdzi wkoło ni mocie
Przy kościółku św. Urbana też las rośnie
Tam konwaliami, w maju pachnie.
Tworków dawny, ze swoją historiom i buntami,
I Tworków teraźniejszy, za chlebym ludności wyjazdami.
Ale on zawsze w naszych sercach zostanie,
Choć jesteśmy rozsiani po świecie, na słowo Tworków, łza w oku staje.
Wjyncy Tworków, przedstawiać już nie musimy.
Bo że Tworków, je napjykniejszą wsiom, to też wszyscy wjymy.

Maria Kostrzewa • Co w sercu śpjywo ..Co w duszy mi gro

TYN NASZ ŚLONSK

Na tym naszym pjyknym Ślonsku
świyci słonko w kożdym kontku.
Tu karlusy frelkom pszajom,
tu rodziny zakłodajom.

Jedni stond już wyjechali,
ale serca tu niechali.
Kożdy rok tu przyjeżdżajom
bo Ślonskowi festy pszajom.

Luftu trocha podychajom
z kamratami pogodajom.
Doma swojski objod zjom
i kołocza pomaszkiecom

Choć kaj indy chlyb jodajom
szmak domowego pamjyntajom.
Kej im mama sznita dała,
i po głowie pogłoskała.

Ślonsko Ziymio z kopalniami,
z dymjoncymi kominami.
W sercach naszych miejsce mo,
i to od lot już tak trwo.

Na tym naszym czornym Ślonsku,
śpjywo słowik przy mjesionczku.
Cołko ziymia tyntni życiym
czymu jo i pszaja, teraz wjycie.

Maria Kostrzewa • Co w sercu śpjywo ..Co w duszy mi gro

W DUSZY MI GRO

Kej w duszy mi gro i radość w sercu se mo,
z uśmjychym życiy za rogi chytom Jo.
Choć na dworze szarawy dziyń zimowy,
Ja se raduja i nie zawrocom se tym głowy.
W nocy padoł śniyg biołymi płatkami,
strzybne gwiozdki tańczyły mjyndzy chojinkami.
Mieśionczek zaglądoł kajś za obłokow yno,
co strzybnym gwiozdkom jest tak do tańcowanio.
Ujrzoł rzecz tak na żymi nie spotykano,
cało żymia migajoncymi gwiozdkami obsiono
Choć na dworze szary dziyń zimowy,
Jo se raduja nie zawracom se tym głowy.
Śwjynta idom! śwjynta idom! w duszy mi gro,
mjyndzy kuchniom a izbom tańcza Jo.
Zatańcza mjyndzy ośwjytlonymi chojinkami,
byda tańczyła z wiatrym i strzybnymi gwiozdkami.
Kej w duszy mi gro i radość w sercu se mo,
z uśmjychym życiy za rogi chytom Jo.

NASZA GODKA

Godko nasza Ślonsko godko,
z tobom jo urosła gibko.
Tyś to zy mnom po placu lotała,
zy mnom byłaś jak żech w klipa grała.
Byłaś przy mie, kej jo na stromy wylazowała.
Byłaś też jak mama mi głupoty z głowy wybijała.
Do szkółki zy mnom cołkiś czas chodźyła,
choć mnie mówić uczyli,tyś mie nie opuszczała.
Ani we szkole nie odeszłaś choć cie wygoniali.
Ale my se na pauzach, i tak dali spotykali.
Godko nasza godko,wiela ciebie próbowało likwidować.
Chcieli nom co momy nojcynniejsze, z głowy powybijać.
Ale my pszy tobie, wszyscy murym stanyli.
I jak jedyn,Ciebie z honorym broniyli.
Choć nas potympiali, choć nas wyśmjywali.
To my z podniesionom głowom, dali se godali.
Tyś zy mnom,do kina i na muzyka lotała.
Byłaś zy mnom i kiedych ze synkami zolyćyła.
Byłaś przy mnie w kożdej życia chwili.
I do dzisio siedzisz zy mnom, by młodzi niy zapomnieli.
Godom doma, godom w sklepie, godom wszyndy.
Godac byda dali, i niy ubydzie mi gymby.
A kiery mie niy rozumi i se pod nosym buczy.
Godom, jo se musiała uczyć mówić, niech se też godać uczy.

A TAKOCH JE JO.

Kej rano wstowom w duszy mi gro,
woda nastawiom, zaś czajnik śpjywo.
Kawa zaparzom i se pośpjywuja,
kej w duszy mi gro, dobrze se czuja.
Ku kawie siodom kartka wyciągom,
pisza, układom wierszyk, i na zygor zaglondom.
Kej już dochodzi dziewionto godzina,
włonczom se komputer i muzyka se zaczyno.
Słochom muzyki, i se pisza dali.
Na nic nie zwarzom choćby świat sie walył.
Przy muzyce spszontom, obiod warza,
potym wyłonczom komputer i do światu wyparza.
Jestech doma kej se wieczor zbliżo,
puszczom se komputer i słochom jak muzyka przygrywo.
Wciepuja fotki, abo przepisuja naszkryflane wiersze,
to w duszy mi gro, i pośpjywuja se jeszcze.
Na czat se wleza, poklikom se trocha,
przy tymu pobłoznuja, boch je slonsko dziocha.
I tak przez cołki czas w duszy mi gro,
co byda wjyncy godać, takoch je JO.

Maria Kostrzewa • Co w sercu śpjywo ..Co w duszy mi gro

KEJŚ MOJ DOM..

Kiedy słysza słowo dom,
to przed oczmi mama mom.
Jak śniodni dlo nas szykowała,
i do szkoły wysyłała.
Kedy słysza słowo dom,
to przed oczami taty mom.
Jak na kolana mie broł,
i bojki mi pjykne opowiadoł.
Kiedy słysza słowo dom,
to tynsknota w sercu mom.
Za tym wszystkim co minyło,
co mi w sercu już zostało.
Kedy słysza słowo dom,
to pełno płaczek w oczach mom.
Uśmjychom se przy tymu fest,
bo w tym słowie pjykne spomniyni jest.

JO FRELA

Kurde bele co za szoł,
kożdy by kusiola chcioł.
Jo szczyńśliwo kejś była,
jak żech do somsiada na jabka chodziyła.
Z karlusami żech se walyła,
w klipa z nimi ciongym żech grała.
Od rana do wieczora tak lotała,
ze szlojdrym też szyby wybijała.
Nieroz w galotach wytargano dziura była,
kożdy strom,czy krzipopa zaliczonych miała.
Borok ta mama zymnom robota miała,
boso po cołkim dniu lotać umiałach.
Kurde bela, kurdy bela,
i tak urosłach na zdrowo frelka.
Potym z karlusami zolyciyłach,
i po stromach nie łaźyłach.
Dzisiaj kej do tego wrocom,
to z wrażynio se mi oczy pocom.
Kurde bele jak to fajnie kejś było,
dzisej by se chyntnie do tego wrociyło.
Dzisiaj jusz siwe łepy kożdy momy,
i jak se zejdziymy to z karlusami se spominomy.
Wiela było potym doma trzepanio galot,
ale te czasy już se nie wrocom nazot.

MOJI KAMRACI

Mom dwóch kamratow, co my za bajtla dokupy lotali
Jakoś tak po szkołach, my się porozchodziyli.
Teraz po latach, kiedy zaś my się spotkali.
Jeden przed drugim, żonki swoje przede mnom wychwolali.
Jakie to majom dobre, jakie je majom gospodarne.
A do tego jeszcze som one takie bardzo fajne.
Jednym uchem słucham, i siedza zamyślony.
Jakie to oni to majom, super zony.
Ale dyć jo też mom swoja pjykno żona.
Mom z krwi i kości, ale żadno paniusia rozpieszczono.
Mom wesoło, dobro i bardzo miło.
Taka jako jest serce mi podbjyła.
Kamraty dali o żonkach se przechwolajom.
Jakie to cnotliwe oni żonki majom.
A moja żona, jest spokojno, skromno.
A do tego wyrozumiało i mondro.
Koźdymu w potrzebie pomoże.
W jeji towarzystwie dobrze se czuje.
Kamraci dali swoje żonki pod niebo wychwolajom.
Jakie to dobre żonki jak anioły majom.
Siedzimy se tak przy piwku i rozprawimy,
jako to przy naszych żonkach dobrze se momy
Naroz glos jakiś słychać z daleka.
Jak długo mom w doma na ciebie czekać.
Dzieci głodne na ciebie czekajom.
Ida do solarium, ty tu siedzisz, a one obiadu ni majom.
Pierwszy na głos żony jak oparzony wstowo.
Drugi roz żonce prosić się nie dowo.
Drugi zaroz godo ze spuszczonom głowom.
Jo też już musza iść aż i po mie nie przidom.
A jo se siedza spokojnie i piwko popijom.
Coś mi tu nie pasuj że oni wyrwali i gnajom że ledwo żyjom.
Lepszo jest ta moja żonka, skromno i wspaniało.
Aniżeli żona anioł, co by nadymnom z mieczym stoła.

WCZASY !

Słonko wiosnom grzeje, to wczasy planujymy,
Kaś trza wyjechać i już szporujymy.
Chlyb z fetym cały tydziyń jymy,
Przed oczami momy jak se opolomy.
Na piosku leżymy, ludzi wielko kupa,
Woda tak zaś śmierdzi, jak zepsuto zupa.
Ni, nad woda jo se wcale nie wybiera,
Bo te moje kompielowki se już nie dopiera.
Lepiej by tak było w górach się oddychać,
Po górach pochodzić, czystej wody łykać.
W górskej chałupce miyszkać, góry poglondać,
Jyny dziecka bez telewizora zaś bydom wydziwiać.
Żeby zaś w hotelu trza bybyło miyszkać,
To bych na to wszystko, musiała pożyczać.
Jyno całki tydziyń krupnioki rzech jadła,
Po dwóch dniach miałach dość, alech nic nie godała.
Przeca byda musieć luftu trocha zmiynić,
Ale kaj, do głowy nie przichodzi mi nic a nic.
Pożyczom piniondze potym cały rok se spłaco,
Na nic by nie stykło bo niymiała bych za co.
Wiym co zaroz zrobja, koła momy w szopie,
Poprzeglondomy, opucujymy i bydom gotowe
Zamiast wyjyżdżać kajś w daleke strony,
Na kołach zwiydzimy nasze piykne strony.
I trocha piyńyndzy taż uszporujymy,
To na zima se choć za nie opału kupjymy.

PORANEK I JO

Czwarto rano, spać już nie moga.
Kopruchy brzynczom jedyn uczyp mnie w broda.
Roztomańte myśli, przez głowa przelatujom.
Spaniy kajś uciykło, kopruchy spać nie dowajom.
Za oknym, słonko złote już stowo.
I jasnym promykym, że dnieje znać dowo.
Jaskołki na drotach siedzom, i wesoło ćwjyrkajom.
Smutne myśli, swojym ćwjyrkaniym przegoniajom.
Pomalutku i nieśmiało, słonko świyci złotymi promjyniami.
Oświytlo jaskołki na pjynciolinii drotów, jakby zapisane nutami.
Dziwom se na cudowny widok, na fotelu siodom.
I z jaskołkami i słońcym, zaroz se pogodom.
Pytom se jaskołek, co tak wczas stowajom.
A one swym ćwjyrkaniym, zaroz odpowiydź mi dowajom.
Pytom się też słonka, jak mu se po świecie wyndrowało.
A ono w odpowiedzi, swojim promykym mie pokilało.
Brzynczyni koprucha słysza durś koło ucha.
Przeganiom gizda, ale czy mnie posłucho?
Zaparzom se kawa i na swojim miejscu siodom.
Chlipni se kawy, do słoneczka też godom.
Złote słonko, swojimi promjyniami kawa ozłociyło.
I w całej krasie, za widnokrygu se wychyłyło.
Jaskołki swojim ćwiyrkaniym, radośnie słonko pozdrowjyły.
Zatrzepały skrzydłami i kajś jedna za drugom pofjurgały.
Cudowno woń kawy, dokoła już woni.
Popijom kawa, pionie kokota, z daleka dochodzi.
Budzi się nowy dziyń, pogodny se zapowiado.
Ale czy możymy być iści, czy do wieczora nie popado.
Siedza, a oczy moje, błondzom kajś po wszechświecie.
I raduja se chwilom i tym, że jeszcze moga być na tym świecie.

MOJE LATA

Na głowie mom szopa pofarbionych włosow,
Wjym wiela mi je, nie odpisuja se rokow.
Dyć to prowda co tu pisza,
Dyć jo lotek se niy licza.
Dzisio jeszcze na dach wlaza,
I z dzieckami na jabka łaża.
Głupoty jeszcze mom w głowie,
Jest to normalne, do mi odpowjy.
Ale wola z żartami se zajmować.
Nisz jak Struś głowa do piosku chować,
Na kole zapylom po polnych drogach.
Bez śpjywanio jo żyć ni moga.
W galotach cołky czas łaża.
W kompielowkach wylaza na plaża.
Drzewa narombać też umia.
W nerwach jak szewc se zapieronia.
Porzykać, pożykom dziynnie.
Pomoga jak umia w potrzebie.
Ale nie umia jednej żeczy zrobić.
Kole nieszczyńść obojyntnie chodzić.
Chodź zymie je twardy człowiek.
Że nimom serca żodyn mi nie powjy.
Jak jo siebie od urodzynia znom.
Mocno w gymbie ale mjynke serce mom.
Pochamować też płaczek nie umia
Kej tela nieszczyńść dokoła ujrza.

KAMRADKI

Przyszły do mie kamradki na klachy,
na ta okazyjo upjykłach kołocza dwie blachy.
Posiodejcie se zaroz, ku stole zaproszom,
kawa zaparza i swjyżego wom kołocza dom.
O swijich problemach se pogodomy,
co kero mo nowego zaroski obgodomy.
Bo tukiej na Ślonsku, pjykno moda momy,
że co jakiś czas na klachach se spotykomy.
Roz u Cile, roz u Mari, Fridy czy Aniele,
i tak dokoła jak tyn młynek to se miele.
Poklachały my o roztomańtych pierdołach,
pośmioły z głupot co kiero porobjyła.
Do chałupy se rozeszły, koło siódmej godziny,
bo kożdo musiała wieczerzo robić do swoji familiji.
Szolky i reszta gratow z houmorym pomyja,
bo z takimi kamradkami, to wja ze żyja.
Chłopy majom wolne, przy piwku se siedzom,
a że my musimy se poklachać, o tym dobrze wiedzom.
Żodnymu z naszymi kalchamy krzywdy nie robjymy,
yno jedna z drugi błozna robjymy i se pośmjejymy.

DWA SOMSIEDZI.

Pyjter i Paulek somsiadami byli,
do kupy do szynku dycki se chodziyli.
Wziyni se po piwie i setce gorzołki.
A pszi tymu mieli dycki wiela godki.
Pyjter był żonaty, fajno mioł babeczka,
Paulek był kawalyrym woloł mieć flaszeczka.
Siedzieli do kupy baby obrzondzali,
że som okropne, ani na piwo by nie dali.
Jo se ni muszom z nikym piniądzami dzielić,
zacznoł se Paulek Pyjtrowi chwolić.
Dyć ty robisz,to se zostaw wypłaty połowa,
że baba poryczy, nie zamatłuj se tym głowa.
Pyjter Paulika posłochoł,połowa wypłaty se niechoł,
i za dwa dni z Paulikym piniadze pszechlastoł.
Baba Pyjtra na szeslong spać wyciepała,
bo jak pszisżoł orzarty to jeszcze robjył haja.
Paulikowi tak ta gorzołeczka szmakowała,
że dzisiaj go jusz nima, do grobu go wygnała.
Pyjter dali som popijać chodzi do szynku,
nimo go do bontować, ale dali nie zawrze pysku.
Tako to jusz downo na świecie prowda była,
że niejednego człowieka gorzoła zniszczyła.

Maria Kostrzewa • Co w sercu śpjywo ..Co w duszy mi gro

IDZIE KARLUS NA ZOLYTY !

Idzie karlus idzie, przez wieś na zolyty,
Strzewiki dziurawe, wytargane pjynty.
Galoty bez knefla, koszula zmazano.
Nima się co dziwić, dyć on wstoł tak rano.
Wody dyć się boji, robić mu się nie chce,
Nimo nic piyniyndzy,a żynić się też chce.
Prziszoł na zabawa, stanoł przed frelkami,
One w pisk ogromny, bo się wystrachały.
Stoji karlus stoji, we wielkim kłopocie,
Jo się chca ożynić,a wy uciekocie.
Zatańczyłby karlus ale żodno nie chce,
Siednoł się do roga bo tam jego miejsce.
Siedzi i rozmyślo, dobre pół godziny,
Jeszcze żech jest młody, i nimom rodziny.
Coś z życiym trza zrobić, roboty poszukać,
Okompać, ogolić i w łep sie pokłupać.
Żodno przeca frelka nie chce umazańca,
Ani on do roboty, ani tysz do tańca.
Jak pomyśloł tak tysz zrobjył.
Okompoł,ogolył i do roboty chodzył
Idzie karlus idzie, przez wieś na zolyty,
Fajnie obleczony, i czysto wymyty.
Galoty z bizami, koszula świyconco,
Do roboty chodzi, odkłodo piyniondze.
Teraz kożdo frelka, dałaby mu serce,
Ale on dziynkuje, oddoł go już Werce.
Teraz już nie stoji jak głomb na zabawie,
Z Werkom już tańcuje, niy siedzi na ławie

TATA

Kiedy słysza słowo tata,
to przed oczami mom młode lata.
Kiedy słysza, jo ci pszaja,
to przed oczami stoi mi tata.
Jak na kolana mie broł,
i bojki mi pjykne opowiadoł.
Kiedy słysza słowo tato,
uśmiech z płaczkami se splato.
I wielko tynsknota w sercu mom,
bo z tatom był moj szczynśliwy dom.
Kiedy słysza słowo dom,
to pełno płaczek w oczach mom.
Za tym wszystkim co minyło,
yno wspomnyni w sercu pozostało.
Jak tata mie na rynki broł,
i źrebia małe pokazywoł.
I jak tata mnie na konia sadzoł,
po polach i łonkach galopowoł.
Kiedy słysza słowo tata,
to przed oczami mom młode lata.
Uśmjychom se przy tymu fest,
bo w tym słowie Tata, pjykne spomnyni jest.

HOBBY

Czy to chłop wielki czy mały, wszystko jedno.
Takich ludzi, dookoła momy pyłno.
Kożdy z nich yno do siebie cosik mo.
Swoje hobby, i coś tam yno zbjyro.
Zbjyro knefle, znaczki, książki, szklonki.
Mo króliki, gołymbie i kanarki.
Kupuje stare auta, i motory.
Zbjyro, rozmanite stare czary.
Som w kółkach myśliwskich, i polują.
Som wyndkorze, co wyndkujom.
Ale najlepszy w wszystkim je to.
Ze chłop, od roboty urlop mo.
Baba w doma sprząto, warzy,
a chłop se siedzi nad wodom, i o szczupaku marzy.
Baba w niedziela, kawa szykuje i myje po obiedzie.
A chłop siedzi w ciyniu, i zaglądo czy gołąb z flugu nie jedzie.
Babeczka cołko chałupa na głowie i w ogródku kopie.
A myśliwy jej chłopek, zaglondo, czy nima zająca w krzypopie.
Takie to hobby momy na tym Bożym świecie.
Ale jak go ni mocie to od roboty padniecie.
Nima to jak jakie hobby mieć, chłopy godajom
Niż być doma, i nic nie robić, dyć yny babom zawadzajom.

WDOWA

Roz se wdowa wydać chciała,
i se chłopa szukać miała.
Była gryfno, jeszcze młodo,
no mom szansa, do sia godo.
Jednego przeca jużech miała
tela rokow żech z nim wytrzymała.
Trza se po rozgladać w okolicy,
ni ożyroka, tyn by szynk mioł we palicy.
Broń Boże żodnego wyndkorza,
uciekołby na ryby, ani też piekorza.
Tyn zamiast mie w łożku pieścić
chodziłby do piekarni ciasto miesić.
Kominiorz odpado, karlus za młody,
starego kawalera nie chca, je za wygodny.
Wdowca? Tyn by do dzieci wszystko wynosił,
porównywoł by mie do pjyrszej, i grymaśył.
Rozwodnika? takigo bych nie chciała,
musioł coś przeszkrobać, jak go pjyrszo wygnała.
Górnika ? mo jako tako pyndzyjo, prowda godom,
jużech to przemyślała, że se już nie wydom.
Fjurgom se jak wolny ptoczek po świecie,
na klachy se ida, i tak czas uciecze.
Tak bych musiała jeszcze gacie prać,
objod warzyć, i pod nos mu go dać.
Jeszcze inszo rzecz by chcioł odymie,
lepi niech se odymie z daleka trzymie.
Nejgorszy w zimie wieczory som,
ani se z kim pogodać ni mom.
Tam i nazot, co mom robić rozważom
niewia, czy se na chłopa skusić dom.
Nojlepi se psa jakigo wezna
objadki warzyć mu nie trza.
A kto je doma szefym pies dobrze wyj
choć po nim po wrzeszcza to mi nie odpowyj.

SZUKAŁA ROZ FRELA

Szukała roz frela do siebie kawalyra,
szukała bez tydzień szukała i w niedziela.
Pjyrszy był chudy, gruby był drugi,
za niski był trzeci a czwarty za wielki

I tak przez rok cały bo kamratki już miały,
tak długo przebiyrała,aż sama została.
Dzisiej szuko se frela jakigo bondź kawalyra,
już tak nie przbjyro, yno tysknie spoziyro.

Szukała już w gazecie, szukała w internecie,
w internecie jednego poznała,i już he-pi jest cała.
Maile pisze dziennie, na kawalyra czeko tysknie,
cały dom wypucowała i fryzura se zrobić dała.

No i kawaler przyjechoł, starszy był nisz i godoł,
brzuszek mu odstawoł na jedna noga chromoł.
Z frele się wszyscy wyśmiywali,i głowami kiwali.
już se pokoj dała frela, i nie szuko kawalyra.

Aż se roz somsiod zjawyjł, i do frele tak prawyjł,
dość jusz tego przebiyrania, bo zostaniesz w życiu sama.
W sercu jo Cie downo mom, przeto siedza dotond som,
jo od lot za tobom chodza, byś głupota robjyła se nie zgodza.

Weselisko wyprawimy i dokupy już bydymy,
poco szukosz w świecie szyrokim,dyć jo tu jest pod bokym.
Frelka wejrzała na niego,dyć zno go od małego,
długo se nie namyślała, karlusowi zgoda dała.

ŚLONSKO OŁMA

Jo je tako ślonsko ołma
Co kołocze piecze doma.
Dorty i inksze maszkety szykuja.
Potym z tym wnukow czynstuja.
Jak ich mom kole siebie.
Czuja se jak bych była w niebie.
Zarozki człowiekowi i lot ubywo.
Jak se z nimi na chwila pszebywo.
Muzyka z radyjoka zaroz głośno leci.
Jo podskakuja se podle muzyki jak te dzieci.
Ani w krzyżu mie nie stszyko.
Ani noga nie boli, ani oko nie skoko
Zaroz humor wroco i se poczuja lepi.
Kej som u mie na odwiedzinach wnuki.
To se z omłmy robi człowiek Hepi
Obiady warza jaki radzi jedzom.
A one mi za to tyś je The Best godajom
Choć siwy włos srebrzy na moji głowie
Wionki pleca i kulom se po trowie.
Kachlok do rybaczków od rana wciskom.
I na kole we świat objyżdżać migom.
Na komputerze migom po internecie.
Boch je ciekawo jakie som nowości w świecie.
Bo jo je tako ołma pszebojowo.
Wszystkie nowości uczyć se gotowo.
Od tego momy wnuki nasze ukochane.
By nas tego uczyły jakie som programy done.
Kej odjadom pustka zostowo doma.
Ale na wieczor na kamp wołajom ołma.
A mie serce se kraje i płaczka z oka kapie.
Choć pokazuja uśmjych na gymbie.
Nima sprawiedliwości na tym naszym świecie.
Insze ołmy majom wnuki doma a jo yno w lecie.

SZFARNE FRELE

Chcecie poznać szfarne Frele?
Na to nie tsza mieć na oczach Brele.
Ślonskie Frele som nojszfarnejsze.
Takich drugich nigdzi nie znojdziecie.
Z uśmychym wito cie jusz z daleka.
Na Frelka wejrzeć to je uciecha.
Objod uwarzy, pospszonto doma.
Takiej drugej na świecie nima.
Swojego Karlusa z roboty radośnie wito.
Na niego jusz z obiadym czeko.
Potym piwo mu jeszcze postawi.
I oddychnyć se pszi gazecie zostawi.
Pierre, piecze, waży i bigluje.
Wszystko dokoła blyszczy, tak pucuje.
Niech se dokoła co chce dzieje.
Nie zmjyniyłby Karlus swoje Frele.
Pszaje i za to, bo je gospodarno.
A do tego jeszcze Frela szfarno.
Zaśpjywo wesoło i zatńcuje.
Pszi takej Freli, Karlus dobrze se czuje.
Besto tesz nosi kwiotka Freli.
I pomogo w doma pszi sobocie i niedzieli.

SAMOTNE LISTKO

Na dworze pochmurno i wiater liściami zawijo.
Jesiyń już przyszła, wjync rządzić zaczyno.
Z podmuchym wiatru, liści pełno fjurgało.
Ina parapecie okna, jedno samotnie zostało.
Wiater pofjuchoł, i dali fjuchać polecioł.
Jakby o samotnym listku, cołkym zapomnioł.
W domku przy oknie, siwiutyńko babunia siedziała,
I listku co przyfjurgało, zamyślono przyglądała.
Jak te liści z wiatrem, jej życie przeleciało.
I Ona sama w Jesieni życia, jak to listko została.
Choć lata lecą i wiater przegonio obłoki na niebie.
Niczym już se nie przejmuje, ona je tukej, u siebie.
Choć jom czasem coś zaboli, chodzić już daleko nie umi.
Ona to wjy że to jej Jesiyń życia, Ona to dobrze rozumi.
Jesiyniom roz pado, roz słonko promieniami grzeje.
Tak jak jest w życiu, roz se płacze, za chwila zaś śmieje.

KIEDY JEST MI SMUTNO

Kiedy jest mi smutno, licza gwiozdky na niebie.
Kiedy se raduja, rozsiewom uśmiychy koło siebie.
Kiedy deszcz pado, to z deszczym śpjywom.
Kiedy wiater dmucho, do tanca z wiatrym gnom.
Tańcza z wiatrym walczyka żeby nie był som.
Kiedy zima przichodzi, do kominka drzewa dokłodom.
Przy komputerze se siodm i wiersze układom.
Bych lepi pisała brele na nos wkłodom
Musza widzieć, bych literki na opak niy napisała.
Jedna linijka, drugo linijka i już jedna zwrotka cała
Piesek pochrapuje cicho, skrzipi cicho dom.
Stary zygor na ścianie bije bim, bam, bom.
Czas do przodku leci dni pryntko uciekajom
Zaś roky jedne za drugim do starości przybliżajom.

POETA

Siod se poeta na ławce w parku
i kombinuje,coby napisać mioł tu.
Wroble przyfjurgły, larma trocha narobjyły,
szpoky gwizdały, jakby za wroblami podrzyźniały
Siedzi i mysli, w głowie mo pustka,
wtym wroble odfjurgły, wiatrym przyfjurgała chustka.
Za chustkom drab leci frelka roześmiano,
chyto chustka i na kark zawiązuje zadyszano.
Spojrzała na poete i pjyknie se ukłoniyła,
i z wesołym śmiechem,kamratki dogóńyła.
A poetowi naroz myśl jedna zaskoczyła,
jako by pjykna rymowanka o frelce była.
Obserwowoł teraz frelki roześmiane,
i wzion se zaroz za wiersza pisanie.
Frelki młode frelki
dzisio mocie urok wielki.
Ale co za pora lot bydzie,
kej wom krasa odejdzie..
Napisoł zwrotka i nad niom rozmyśloł,
szkoda, żeby jo jeszcze tela jak one lot mioł.
Zaroz ukrod bych frelce całusa,
jezdeśkusie, teraz yny zaglondać musza.

BUDZIK DZWONI

Budzik dzwoni pora stować,
a mne jeszcze chce sie spać.
Wkłodom budzik pod poducha,
a on brzynczy durś jak mucha.
W syn zapadom zaś błogi,
co ja widza! Boże drogi.
Super karlus przy mnie siodo,
fajnym głosym do mie godo.
Poć do mnie moja mjyła,
możno byś se, drinka wypjyła.
Tam na łóżku londujymy,
jak głupi sie całujymy.
Czuja całus, w nos w policzek,
przygnito mnie z bjydom dychom.
Włosami mnie festy kilo
i piskliwym głosym śpjywo
Pomalutku oczy otwjyrom,
a z wrażynio, dech mi zapiero.
Zaglondajom na mnie oczy uradowane,
że już nie śpia, i zaraz wstana.
Zamiast karlusa kieregoch tak całowała,
siedzi i zaglondo na mnie, psina moja mało.
Budzik dzwoni, piesek szczeko
wyskakuja z łóżka, bo czas ucieko.
Ale pjykny miałach syn,
szkoda że już nastoł dziyń.

SIEDZA NAD WODOM

Siedza nad wodom, słoneczko świeci.
A mi po plecach, pot ciurkiem leci.
Zaglądom na woda, rybki se pływajom.
Poprawiom wyntki i tak se myśla, czamu se chycić nie dajom.
Zanynty rzech naciepoł,a one kole tego, jak głupie pływajom.
I pjeronym se nerwója, dyć te ryby zymnom w kulki grajom.
Woda je spokojno, słonko festy przygrzywo.
A tako wielko ryba se błozna zy mnie robi,i kole hoka pływo.
Nerwy mie już bierom, nad wodom stowom.
I zarozki se z rybami po dobroci pogodom.
Czamu se yno marchy, kole hoka pływajom.
A kukurydzy i glizdy, se ani nie powoniajom
Takie to wszystko je teraz, przemondrzałe.
Że nie skosztują tego, co im człowiek daje.
Jeszcze te małe rybki, jakoś se skusić dajom.
Ale te wielkie,błozna z nas robiom i kole tego pływajom.
Jak zaś se chyci, jako porzondno ryba, wymiarowo.
To zaś potym reszta ryb, se kajś pochowo.
Siedza i myśla, czy już wyndek nie spakować.
Dwie ryby rzech chyciył, niebyda już wjyncy wyndkować.
Do chałupy pojada, piwa se napija zimnego.
Za tydzień zaś tu przyjada, możno chyca suma jakigo.
Wszystko poskłodane, wyndki już pakuja.
Pojada już dudom, bo głod wielki czuja.
Niech te rybki, w wodzie se dali pływajom.
A jak przyjada na drugi roz, niech tu na mie czekajom.

Maria Kostrzewa • Co w sercu śpjywo ..Co w duszy mi gro

PONAD WODOM..

Ponad wodom ponad lasym,
zajdzie słonko sobie czasym.
Ale ono zowdy jest,
i oświjtlo ziymia fest.

Mama kedyś mi godała,
Bo bez słonka życia nima,
kejbych słonku se kłaniała.
świat by zamroziła zima.

I jak dobrze wszyscy wjycie,
mjyłość też momy na świecie.
Choć rozmańto, ona jest,
grzeje serca wszystkim fest.

Mjyłość z słonkym se złonczyła,
i po świecie zatańczyła.
I najlepszo żecz se stała,
mjyłość w ludziach zamjyszkała.

Słonko se po niebie chodzi,
i ogrzywo wkoło ludzi.
By ta mjyłość przyjmowali,
jeden drugimu okazywali.

Tańczą złote zaś promienie,
rozjaśniajonc mroki cienie.
w oczach ludzkich zajaśniały,
i zgasić se już nie dały.

Tańczy słonko zaś z mjyłościom,
porywo w tany nas z radościom.
A my chyntnie zatańczymy,
bo mjyłości fest pragnymy.

Ponad wodom ponad lasym,
zajdzie słonko sobie czasym.
Ale dzisiaj, no no nooo,
wesoło po niebie gno.

Maria Kostrzewa • Co w sercu śpjywo ..Co w duszy mi gro

MY I SZTYRY PORY

Słoneczko śwjyci jasno na dworze,
pomboczku,niech tak je jak najdłoży.
Siedza w słoneczku i tak se rozmyślom,
jaki te sztyry pory na świecie som.
To tak jak w życiu kożdy momy,
jak te sztyry pory roku se zmjyniomy.
Wiosnom,wszystko rośnie i zakwito,
to tak jak my momy nasze dzieciństwo.
Latym, wszystko dojrzewo i plon wydowo,
i my dojrzewomy i plon życia dowomy.
Jesień słoneczno, i ze zmiynami pogodom,
i my w jesieni życia som my niemłodzi.
Zaś Zima z wiatrem, śniegami i mrozami,
i my ze staróściom, z rozmańtymi chorobami.
Spadajom liści, ginie i kwiotko ostatni znak
i na nas przychodzi nieuniknione śmierci czas.
Jak co roku pory roku się zmieniajom
tak jak to ludzie w życiu majom.
Słoneczko świjyci, Zima na dworze,
Pomboczku co mi dzisiaj chodzi po glowie.
Przeca tak to se dzieje już od wiekow,
a jo se dzisiej raduja żech je jeszcze tu.

GOROL OSWOJONY

Mocie hołdy, mocie pola
a jo mom doma gorola.
Gorol taki oswojony
do Ślonskigo przyuczony.
Nie rozumi co do niego godom,
aż nikiedy na niego nerwy mom.
Choć na ślonsku lot je kupa
to je z niego wielko dupa.
Godać po naszymu nie poradzi
nie rozumi cie, a potym se wadzi.
Na swoja baba godo żoneczka
na dzieci, że mo syna i córeczka
Na szczewiki godo buty,
na gałeczki godo kluchy.
Rolada na zraz przemjanowoł
modro kapusta na czerwono przemalowoł.
Na nudel zupa godo rosoł
a jo mu na to -tys je osioł.
Dyć żeś gorol oswojony,
i na ślonsku ożyniony.
Kejś żeś psziszoł mjyndzy wrony
to tak krakej jak i ony.
Do Pombocza już i rzykom,
nima z nim wom dziynnie leko.
Wnuki po nim pjykne mom,
dyć skuli tego mu pokoj dom
Niech już je jaki je, ale pomboczku
niech choć trocha szwandro po ślonsku.

Maria Kostrzewa • Co w sercu śpjywo ..Co w duszy mi gro

PYTANI WNUCZKI

Pytała se roz mało wnuczka Omy jedna rzecz,
czy ona by yny dlo siebie mogła Anioła mieć.
Oma spojrzła na nia dobrotliwie,
i odpowiado-dyć cołki czas On jest przy tobie.
Ale oma!jo o takim godom co bych go widziała.,
z nim bych godała, z nim se grała.
Oma głowom pokiwała i do wnuczki godo,
widzisz dziecko, na ziymi żodyn żywego anioła nimo.
Je przy nas Anioł Stróż,do kerego o opieka rzykomy.
Je tu przy tobie mama i tata no i mosz jeszcze Opy i Omy.
Wnuczka ucichła, za chwila zaś Omy pytała.
Oma jakby jo se tak żywego Anioła poszukała?
Oma na nia wejrzła, szukej-godo, mono znjedziesz,
aleś je jeszcze mało, kaj go szukac pójdziesz?
Bo widzisz dziecko, som ludzie Anioły,
kerzy poświyncajom se i opiekujom chorym.
Na widok tego Anioła chorzy się radujom,
a chorzy za to Pomboczkowi fest dziynkujom.
Wnuczka se zamysliła i Omie po cichu odpowiado,
widzisz Oma, to jednak na ziymia do ludzi Aioł zloz.
Ale takiego jo nie chca, chorym i samotnym go niechom,
Ale Oma, tyś je mojim Aniołym, Ciebie tu dzisiaj mom.
Ale wjysz co Oma, festy se yno raduja dzisio,
bo wjym że kożdy z nos swojego anioła mo.

KOKOT

Mjała jedna gospodyni kokota,
gizd colki czas lotoł koło somsiadowego płota,
Lotol i głośno pod tym płotym pioł,
choby rozumu za grosz borok nimjoł.
Aż znojd dziura, kajsik na dole w płocie,
i jusz kokota u somsiada na zolytach mocie.
Zaroz se dobroł piernik do jego kur,
aż se odezwoł gdakanio głośny chór.
Jedna przed drugom cisły se do kokota,
że borok nie nadonżył, tako mioł robota.
Po jedne skoko, drugo podziubuje,
tam ślypjym wejrzy, głośno przytupuje.
Kury z jego placu głośno gdakajom,
I kokota nazot do siebie kuszom i wołajom.
Borok kokot tak se z kurami migolył,
że ledwo dycho, pod płotym legnył.
Wszystkie kury kere nie poskokoł jeszcze,
stoly nad nim wołały jo nie była dran jeszcze.
Kokotowi w oczach se ćma ze strachu zrobjyło.
Leży na ziymi borok ledwo dycho.
Gospodyni usłyszała na placu larmo,
wylazuje i zdziwiono na kokota zaglondo
Kokot leży jak nieżywy u somsiada,
nic nie pomorze, musi iść po zolytnika.
Kokot po odpoczynku w kurniku,
od somsiada kury z gańby uniko.
Jeszcze mo szczyńsci że łep mo na karku,
abo broń Boże że nie leży w gorku.

MUCHA

Na szeslongu siadła mucha,
nic nie robi ze żrać szuko.
Starzyk na szeslongu drzymie
i mo bombon w swoji gymbie.
Mucha bombon by se polizała,
ale jak to zrobić, nie wiedziała.
Już po brodzie mu skokała,
i po łepie już dostała.
Drugim razym zaś próbuje,
klapnyło, z wrzeskym na żym spaduje.
Czy te ludzie rozum majom,
że mi po łepie dycki dajom.
Jeszcze przy tymu noga mi uleciała,
fjurgać umia, ale byda chromała.
Starzyk pryntko bombon zjod,
i z klapaczkom na szeslongu siod.
Musza zabić ta zmierzło mucha.
Bo mie nerwóje i bronczy koło ucha.
Jak pomyśłoł tak wykonoł,
i dali se na szeslongu drzymoł.

PORANEK Z KOKOTYM

Dzień sie budzi, kokot pieje,
słonko se do niego śmieje.
Wskoczył kokot se na płot
kukuryku pieje na cały głos-
kukurykuuuuuuuuuuu!
Kokoty se odzywająą,
sygnał do stowania dowajom.
Kokot z płota teryn bado,
u somsiada chodzi kura młodo.
Sfjurgoł z płota i tam gno,
choć w swojim placu kury mo.
Kury larma narobjyły,
i śpjoncego psa obudzyły.
Jak tyn kokot se zolyciył,
tyn za ogon se go chyciył.
Kokot skrzeczoł wylynkany,
uciyk, ale ogon mioł wytargany.
Skoczył przez płot se do placu,
a kury wszystkie dały se do śmjychu.
Kokoda! Kokoda! kokot bez ogona,
wyglondo jak wronaaa.
Kaj żeś lotoł było ci tu w placu mało
teraz zamiast ogona, pokazujesz dupa goło
Kury tak se wyśmjywały,
kukurykuuuu! Kokot pioł czerwony cały.

STARE PRZISŁOWIE...

Stare mondre przysłowie, powtorzała mi mama,
Czy masz dzieci, czy nie masz, na starość zostaniesz sama.
Wiela wyrzeczyń, i nie przespanej nocy trza,
By wychować dziecko, pszoć mu i przychylić mu nieba.
Kiedy podrośnie, zaglondać by szkoły kończyło,
A kiedy wyrośnie, by se dobrze życie ułożyło.
Jak ptok, wyfjurgnie z gniozda rodzinnego,
Blisko, czy daleko, do nowego, do swojego.
Robota, dzieci, dom, donżyni do celu,
I kariera, do kierej podonżo tak wielu.
W gonitwie takej przy tym całkiem zapomino,
Że Ojciec i Matka, to też rodzina.
Jedni nie majom czasu, drudzy na chwila wpadajom,
Innych dzieli odległość, wolnego ni majom.
Kiedy ojcowie som jeszcze młodzi,
To taka rozłonka, mniyj boli, mniyj szkodzi.
Jak choroba i starość, we znaki se do
Wtedy samotność, tynsknota, ciynżko se stowo.
Nieroz, myśli smutne przez głowa przelecom,
Co źle zrobiłeś że cie odwiedzać nie chcom?
Dałaś im życie, wychowanie, i mjyłość twojom,
Nieprzespane noce, i wykarmjyłaś piersiom swojom.
Po co to było wszystko? Tela poświyncenia,
Odpowiem --- było po co, bo tak powstała nowo rodzina.
Zaś słowa przysłowia powtorzomy,,,,
Czy majom dzieci, czy ni majom, na starość też zostanom sami.
Wtedy, sami zrozumjom, jaki błond w życiu popełnyli,
Że swoich Ojcow, też nie odwiedziyli.

PISMO DO POMBOCZKA

Zaglądom do okna, woń kawy się unosi,
Za oknym zachmurzone i deszczym rosi.
Zaświjcom lampa, bo brakuje mi słonka na niebie.
Biera kartka papiyru i pisza pismo Pomboczku do Ciebie.
Pisza, a czuja jak płaczka jedna za drugom z oczy wypływo.
Kapie na papjyr i rzykom płaczek kajś odpływo.
To nic że literki z rzykom płaczek kajś odpłynyły.
Wjym że teraz som u Ciebie Pomboczku, i se nie straćyły.
Wjync pisza daly co mie smuci, boli i raduje.
A rzyka płaczek zmywo literki i do nieba pszekazuje.
Po napisaniu pisma ostatnio płaczka z oka spływo.
Ta ostatnio płaczka moj podpis zmywo.
Zaglądom na czysto kartka skropiono płaczkami.
We płaczkach widza tyncza, a kartka to łonka z kwiotkami.
Tako odpowjydź na moje pismo, Pomboczek mi dowo
Już nie płacza już se mi żyć podobo.

ANIOŁ NADZIEJI

Zmynczono dłogim szpacyrym na ławeczce siodom.
Myśli moje gnajom w pszeszłość, posmutniałach.
Siedza i czuja cisnonce sie do oczu płaczki.
A za chwila jedna za drugom, spadajom po twarzy.
Czuja że doś cichutko siodo koło mie.
Zaglondom przez płaczky, i myśla że śnia.
Bioły anioł poruszajonc skszydłami siedzi.
I rozpolone moje skronie, łagodnie chłodzi.
Osusza płaczky co z oczu pojedynczo spadajom..
Uśmiycho sie, a w oczach mu gwiozdki migajom.
Zaglondom na niego i nadzieja mi w sercu zaświtała.
Po co te płaczky, dyć niy zostałach sama.
Nie musza pszecież sama nad sobom se użalać.
Dyć moga drugimu, w potrzebie rynka podać.
Spoglondom na anioła, kerego blask mnie oślepio.
Zawjyrom oczy, kiej je otwiyram, anioła ni ma.
Yno popszez drzewa promyk słońca mnie oślepjył.
Myśla se, czy mi se to zdowało, czy anioł mi se yny pszyśnył.

ZIYMIA ŚPJYWO

Słochejcie jak ziymia śpiywo
slyszycie jak dzwonami gro.
Jak rodosne echo do nieba leci,
i wszystko dokoła je w wielke radości.
A tam wysko na bezkresie nieba
aniołki spoglondajom na ziymia.
Uśmjychnyte wielce se radujom,
i w echo dzwonów se wsłuchujom.
Zaglondajom na ziymia mondrymi oczami,
i widzom frelka co godo z ptokami,
Ciekawe przysłuchujom se tymu.
Frela ziorka sypie i śpjywo przy tymu..
Aniołki se mjyndzy sobom pogodały.
I jednego aniołka, co na ziymia poleci wybrały.
Zlecioł aniołek na ziymia jako ptoczek,
siod na gałonzka, zaglondo, a ona płacze.
Frelka spojrzała na ptoczka żałośnie,
oczy miała smutne i upłakane.
I godo, witej ptoczku co fjurgosz po niebie.
mom wielko prośba dzisiaj do ciebie.
Leć daleko hen do mojego domu rodzinnego
pozdrow mi mateczke i ojca kochanego.
Powiedz im żech o nich nie zapomniała,
ale im nie godej, żech z tynsknoty płakała.
Aniołek skrzydełkami zatrzepoł
i z pozdrowjyniami do ojcow polecioł.
Słyszycie jak ziymia śpiywo?
slyszycie jak dzwonami gro?
A tam wysko na bezkresie nieba
aniołki spoglondajom radośnie na ziymia.
Na frelka co ptoczkom śpjywo
i radośnie dokoła ziorynka rozsuwo.

ANIOŁEK Z NIEBA

Aniołek z nieba zlecioł na ziymia
jo go już teraz za skrzydełko trzymia.
Już go nie puszcza by mi nie odlecioł,
byda go prosić by już tu zostoł.
Byda już grzeczno, nie byda rozrobiała
byda już teraz o niego fest dbała,
By mi nie odfjurgoł byda mu śpjywała,
i byda go wszyndzi ze sobom brała.
Mój ty aniołku co przyfjurgołeś z nieba,
ty wjysz jakimi drogami iść trzeba.
Kedy błondza, dobro droga pokazujesz,
kedy se raduja, to i ty se radujesz.
Jak se smuca, cichutko pocieszosz,
jak zapłacza moje płaczki zbjyrosz.
Aniołku z nieba jak dobrze że cie mom.,
z tobom, żodnym pokusom se nie dom.
Czuja żeś je zymnom w dzyń i w nocy,
dycki moga oczekiwać od ciebie pomocy.
Aniołek z nieba zlecioł na ziymia,
jo go już teraz za oba skrzydełka trzymia.
Nie musza se boć że mi do nieba odleci,
ale trzymia bo dobrociom i jasnościom śwjyci.
Bo jego dobroć na mnie przechodzi,
a jasność w życiu mnie prowadzi.
Aniołku mój dzynkuja ci za wszystko,
wyjdz że odymie nie odejdziesz tak pryndko.

RZYKOM

Rzykom se, a po głowa insze myśli przelatujom,
nie wia czy płakać, nie wia czy radować.
Kolano mie boli, zdrowie mi szwankuje,
a chorować ni moga, przeca to kosztuje.
Raduja se bo jeszcze jako tako chodza,
dyć okłodać kolano kapustom jeszcze moga.
Widzisz Pomboczku, jo je zwykły człowiek,
z kożdom bolonczkom ida ku tobie.
Choć nieroz nie wia co ze sobom robić,
do ciebie przychodza by se doradzić.
Zima se zbliżo na wyngel szporuja,
jusz nic inkszego se nie kupuja.
Ale bych miała prośba tako mało,
wjym że dzisiaj żodnymu nima leko.
Dej mi zdrowia, bych mogła jakoś przeżyć,
a weś tyn bol, bych mogła chodzić.
Wjysz co Pomboczku, jusz niy narzykom,
teraz yno za rodzina porzykom.
Klynkom na kolana Pomboczku przed tobom,
i prosza byś mie pobłogosławjył ronczkom twojom.
Teraz tego już yno mi trza, to miarkuja,
bo życiym jaki je, se festy raduja.

RZYKANIE MATKI

Na kościelnej wierzy dzwony wydzwoniajom,
słychać ich, jak dokupy śpjywajom.
Składo do rzykanio matka, rynki urobione,
i ciche rzykaniy do nieba płynie.
Do Pomboczka, Ojczulka kery jest w niebie,
pod jego opieka poleco swoje dzieci i siebie.
By mogła zaś rano jako tako stować,
i z jego mjanym zaś dziyń zaczynać.
Rzyko, a myśli kajś pognały,
tak jakby do wspolnego rzykanio kogoś wołały.
Potrzonso głowom i rzykani dali płynie.
Czuje że nie jest sama, doś stoji przy niej.
Nie przestowo rzykać, ani se nie oboco.
Yno w szczerym rzykaniu Pomboczkowi se poleco.
Dzwony ucichły, serce i równo bije,
i pjykny woń kwiotek obok siebie. czuje
To słowa co rzykała w kwiotka sie zamjyniały,
i jedne za drugim do nieba leciały.
Poczuła ruch skrzydeł za jejimi plecami,
i dziynkuje Pomboczkowi że Anioł Stróż jest i dany.
Kiedy jest w potrzebie, stowo w jeji obronie,
i jest pewno, że dycki bydzie stoł przy ni.
Kończy rzykać, siedzi i tak se rozmyślo,
Że wjyncy i nima już potrzebne do szczynścio.
Choć sama żyje w swojym domu,
je szczynśliwo nie przeszkado nikomu.
Pomboczek tak jej życiym pokierowoł,
choć została sama On se z niom bydzie opiekowoł.

SZANUJ OJCA, SZANUJ MATKA.

Kiedy byłach jeszcze mało,
dycki doma se godało.
Szanuj Ojca, szanuj Matka,
oni pszajom do ostatka.

Choby nie wjym co se dzioło,
bydom przy tobie kei ich zawołosz.
Chobyś wyjechoł w świat daleki,
ich pszoci, do ciebie doleci.

Kiedych już podlotkym była,
matka robić mie uczyła.
Prziszyć knefel, sprzontać, pjyc,
i jak objod nawarzyć.

Tata pokozoł jak drzewo rombać,
bo to se morze w życiu przydać.
Jak mom prosto gwoźdź przibić,
i jak z humorym przez życie iść.

Z kneflym prziszytym chodza,
spszontom i kołocz upiecza.
Do mocka ludzi objod nawarza,
do dzisiej w kapsie z gwoździami łaża.

Jo im za to festy pszoła
dobrym uczniym prziy tymu była.
Szanowałach Ojca, szanowałach Matka,
a pszoć im byda do ostatka.

Choć już na cmyntarnej gorce spoczywajom,
miejsce w moim sercu na dycki majom.
Jestech im wdziyncznio za wychowani,
i mondrość życiowo kiero mi przekozali.

UKWIECONY DZIEŃ MATKI

Maj kwiotkami rozkwito,
kaczyńcami słonko wito.
Kwitnom konwalie i flidry wonionce,
tepich z kwiotkow jest na łonce.
Radość dokoła już panuje,
świynto Matki sie szykuje.
W maju kwitnom pyjkne kwiotki,
okwjycony jest Dziyń Matki.
Maj szacunek Matkom okazuje,
bo Matka na wszystkie kwiotka zasługuje.
Matka do serca nas przytulała,
kołysanka nam śpjywała.
Była przy nas cołky czas,
by dobrzy ludzie wyrośli z nas.
Dzisiaj i składomy podziynkowania,
za dar życia i wychowania.
Maj obdarowoł Matki kwiotkami,
my do tego wdziyczność dodomy
Sto lat! sto lat! im śpijywomy,
Nasze serca otwjyromy.
W maju kwitnom piykne kwiotki,
okwiycony jest Dziyń Matki.
Bo yno ona na nie zasługuje,
i niech se dzisiej swoim świyntym raduje.

MAJOWO ROBOTA

Dzisiej po zegrodce lotom
Musza kopnyć se z robotom
Dyć już momy pjykny Maj
a w zegrodzie istny raj.
Pleja, przesadzom, przekopuja,
jak szesnostka już se czuja.
Niewia jako na wieczor byda,
czy na osymdziesiontka nie zjada.
Flider bioły kwitnie i lilowy,
Konwalijka dzwoneczkami dzwoni.
Gynsipampek se w trowie śmieje,
u somsiada kokot głośno pieje.
Cuda robi pjykny Maj
wkoło kwjycia, istny raj.
Z robotom se Pszczoły uwijajom
nad głowom mi fort fjurgajom.
Słonko se na niebie śmieje,
a jo robia aż zymie se pot leje.
Ptoczky som we swoim żywiole,
wyśpiewujom swoje trele.
Wrobel siod se mjyndzy kwiotka
i czeko aż trocha pokopia.
Zaroz zwołoł reszta wrobli
o kopać mi też pomogli,
Szmatyrloki przyfjurgały,
i na kwiotka se posiodały.
Kończa i na ławka sodom,
słocham ptoczkow, nic nie godom.
Jaki pjykny w Maju świat,
aż ubyło mi w nim lat.

DZISIEJSZE ŚWJYNTO

Dzisiej śwjynto kobjyt momy,
zaroz za fajrowani se chytomy
Bo nasz chłopek nom kwiotka doł,
By i on jako uciecha z tego mioł.
Frida, Krista i Aniela,
ciastek przyniosły za tela.
Dyć jo dzisiaj fajer mom,
to wieczeżo wszystkim dom.
Chłopy do nas przysiodajom,
i se halba popijajom.
Niech nom żyje śwjynto kobjyt,
a jak fajrować, to chłop wjy.
Frida, Krista i Aniela,
nie wypjyli przeca wiela.
Ale wszystkie też z humorym,
zaśpjywali sto lat społym.
Nom nie trza wcale gorzoły,
my momy dycki humory.
Ale dzisiaj na zdrowie kobjyt wypijymy,
bo yno roz w roku Dziyń Kobiet momy.

SŁODKA TAJEMNICA

Jest w moim życiu słodka tajymnica,
bez tego jo dzisiaj se nie rusza.
Lubia by tyn zymnom, przy śniodaniu był,
by mi od rana już towarzyszył.
Przed obiadym mom z nim spotkanie,
siedzi zymnom przy popołedniowej kawie.
Kiedy zaś na wieczor przy wieczerzy siodom,
to dlo niego przy stole też miejsce mom.
Choć to jest tako żecz niepozorno,
ale w mojim życiu, jest fest potrzebno.
Woniym mie kusi, widokym przyciongo,
i tak to już od długigo czasu trwo.
Jest delkatny i z nim mi cudownie,
smakuje bosko, kedy go całuje.
A gdy moje usta go dotykają,
to nutki radości w sercu mi śpiywajom.
A kiedy się cała w niego zagłymbiom,
to czuja rozkoszy całom głybijom.
A kiedy wybuchnie jak wulkan lawom,
wtedy nic nie pomorze, po kicanoch je ....marmoladom.
Bo to najlepszo na świecie żecz,
by codziennie przy sobie słodkiego krepla mieć.
A to jest słabościom nas wszystkich dokoła,
kej słodki krepel smakym nas kusi i woła.

CZAS Z ROKYM

Kej Pomboczek tworzył ziymia
to se pomyśloł,czas se do siebie zatrzymia.
Ale smutno Czas, stoła zapłakano bokym,
to Pomboczek se zlitowoł, i połonczył jom z Rokym.
Czas z Rokym,sztyry cery miała,
kożdej pjykne miano dała.
Pjyrszej Wiosna na miano było,
drugej Lato, by se Wiośnie niy tynsknyło.
Na trzecio Jeśyń pjyknie wołali,
a czwortej, Zima pjykne miano dali.
Kej cery wszystkie już porosły,
Czas z Rokym podzielyli obowiązki, zaczynajonc od Wiosny.
Potym było Lato,nastympno Jesiyń, ostatnio Zima,
i przykozali kożdej, niech se swojego czasu trzimo.
Wiosna była wesoło,z ptoszkami i słonkym śpjywała,
Lato było radosne, z łanami zbóż tańcowała.
Jesień, malarkom była, farbami świat malowała,
Zima artystkom,wszystko na bioło i srebro ozdobiała.
Czas leci do przodku a Rok kroczy za niom,
i tak po koleji,z wszystkimi cerami królujom.
Pomboczek zaglądo na to radosnym okym,
że dobrze zrobjył, połonczajonc Czas z Rokym.

Maria Kostrzewa • Co w sercu śpjywo ..Co w duszy mi gro

WIOSYNNY TANIEC

Wiosna idzie pocichu
na palcach tańczy pjyknie walca
a wiater w gałynziach jej gro.
Zatańczyła z wiatrym pożondku robić ni musiała.
Z pomocom wiatru wszystko wydmuchała
Zamiast szmaty obłoky miała
Deszczowom, wodom wszystek maras pozmywała
Zaś brzozowo mjetła w ziemia posadziyła.
Kero zielonymi liściami zaraz się obstrojyła.
Powyciongała z ziymi drobnych kwiotek jeszcze,
i ze słoneczkym dokupy siedli se na ławce.
Wejrzała na słonko i na to co zrobjyła,
I do tańcowania ze słonkiem zaroz se wziyna.
Tańczy wiosna tańczy radośnie z ptoszkami śpjywo.
Zaraz też do strojynia łonk i zegrodkow se wziyna.
Słonce posuszyło prani u zmierzłej Wyrteloczki,
I tańcowali dali, a za nimi fjurgały roztomańte ptoczki.

DZIYŃ

Kiedy dziyń rano stanie
za robota se zaroz biere.
Ptoszkom śpjywać zaroz korze,
niech wesoło je na dworze.
Slonku korze zaroz stować,
i ziymia pjyknie ogrzywać.
Kedy dziyń rano stowo,
zaroz mi robota dowo.
Do łaziynki mie wygoni,
kawa robić co już woni.
Zymnom do śniodania siodo,
co mom robic zaraz godo.
I to tak dziyńnie od rokow je,
do roboty ciongym goni mie.
Ale dziso kawa pija,
i posłochać dnie nie byda.
Biera koło i startuja,
ze szmatyrlokami se poflirtuja.
Ptokom śpjywać tez pomoga,
i sztartuja w polno droga.
I z Pomboczkym se pogodom,
i raduje se pogodom
Niech tyn dziyń mie dzisiaj goni,
czekom na niego tam kaj kwiotkami woni.

Maria Kostrzewa • Co w sercu śpjywo ..Co w duszy mi gro

DZISIEJSZO WIOSNA

Wiosna zadomowjyła se w lesie,
spotkałach jom kiedy siedziała na pnioku.
Z paletom farby i pyndzlym malowała,
i ze słonkym se pogadywała.
Pjyrsze zielonej farby nabrała
i trawa i listki malowała.
Potym w zielonych listkach
biołe przebiśniegi malowała.
I tak od rana do wieczora
wszyndzi Wiosna wyndrowała.
Do zegrodkow zaglondała,
działki po koleji nawiydzała.
Fioletowe,modre,żółte,biołe
Krokusy fajnie malowała.
Tu dodała kropki żołte
tam czerwieniom ozdabiała
Tak pjyknie sie zrobjyło,
aż farby se w oczach mieniom.
Zawyndrowała Wiosna do parkow
i na pola,wszyndzi na nia czekajom.
Słonko świeci jasno uradowane,
z pjyknom Wiosnom idzie w porze.
A Wiosna maluje i zostawio za sobom
radosny świat w piyknie pomalowany.
Brzynczom w kwiotkach pszczoły
na stromach spjywajom ptoszki.
Nad woniawymi kwiotkami zaczynajom
fjuragać obudzone szmatyrloki.

ZAŚ ZAGRZMIAŁO

Zaś nom dzisiej u nos grzmiało,
jakby tego wszystkigo było mało.
Woda loła se zaś z nieba,
pytom poco, dyć na loło nom za tela.
Ludzie płaczom, nażykajom,
przez tyn deszcz już nic ni majom.
Wszystko im zebrała woda,
i narobjyła wielko szkoda.
Zaś se blyskło, zaś zagrzmiało,
zagladajom na niebo, by choć już nie padało.
Pomboczku jedyny, już nom nie padej,
a trocha słonka nom już teraz dej
Poszli tyn deszcz kaj sucho majom,
a o każdo kropla wody rzykajom.
Jakoch Ślonzoczka, rzykać tysz byda,
byś odgonył od ludzi zalonych, bjyda.
Dej im trocha nadzieji, oto Cie prosza,
bo jo współczuciy już w sercu nosza.
Ty to wszystko umisz zrobić, jo wjym.
Ale to ludzie muszom Tobie pomoc w tym.
I to za nich byda se rzykać dali,
żeby chynć i rozum do tego mieli.
Niy yny obiecać że im pomoc dajom,
ale doprowdy, niech im pomogajom.

PSZISZLA WIOSYNKA

Kiedy po śniyżnej zimie wiosna pszychodzi,
Zaroz dokoła śpiyw ptakow się rozchodzi.
Słonko jasno świyci na modrymym niebie,
To dobry humor udzielo sie i mie.
Z rozepnytom kurtkom, z włosami rozwionymi,
Buketem palmow i oczami śwjyconcymi.
Ida, oblepionymi wilgotnom ziymiom szczewikami,
Zostawjom za sobom świat, z wszystkimi problymami.
Swjyże luft, całom piersiom wdychom,
Zmynczono na obalonym srtomie siodom.
Odpoczywom i marza, wsłuchuja sie w leśno cisza,
Aż naroz, dziyńcioł z klupaniym mi se zgłoszo.
Ptoki fjurgajom z gałyńzi na gałyńź ćwjyrkajonc,
Na łonka sarynki wylazły, pod stromym przysiodł zajonc.

Las ożył, cicho muzyka echym rozbrzmjywo,
Wsłuchuja sie w cisza, a cisza śpjywo.
Las obstrojony biołymi śnieżyczkami,
Jak białym welonym, ozdobjonym drobnymi listeczkami.
Słonko przygrzywo, wstowom, czas nazot wrocać,
Humor mi graje, ida i zaczynom cicho śpjywać.

TELEFON DO WIOSNY

Hallo Wiosna! hallo Wiosna!
czy słyszysz mie?
Przyidź już do nas
Jo prosza cie.

Hallo Wiosna, Hallo Wiosna!
Kajś je dej znać
Bo tu bez ciebie,
nie idzie wytszimać

Hallo Wiosna? Halo, halo!
jakoś cie słabo słychać.
Jusz se i słonko skryło
i ciepła nam nie chce dać.

Halo Wiosna, halo Wiosna?
czy cie pszi telefonie mom
Bo jakeś szumy
w telefonie słochom..

Halo! halo! Tu Wiosna,
jusz do was ida.
Yno po drodze
pożontki trocha robia

Halo, halo, Ziymia! już ida
farbami świat maluja.
Deszczym kwiotki podlywam
i z ptoszkami z uciechom se pośpiewuja.

Maria Kostrzewa • Co w sercu śpjywo ..Co w duszy mi gro

ŚNIEŻYCZKI

Kej przidzie ta wiosynno frela
to mom uciechy za tela.
Ida do lasu,a tam bioło
Zaglondom, czy mi se to zdowo
Kej słonko śwjyci bioło aż blyszczy.
Czy sniegu napadało
I zimy było mało?
Niy,to w lesie na rzykom śnieżyczki kwitnom
Pjyknie woniajom i aż oczy se radujom
Z bliska pjyknie wyglondajom
I biołymi kwiotkami cołko ziymia zakrywajom
Wiosnom tam z uciechom chodza bo se mi zdowo
Jakbych wszystkie śnieżyczki w lesie yno do siebie miała.

Maria Kostrzewa • Co w sercu śpjywo ..Co w duszy mi gro

PJYKNO WIOSNA

Przyszła do nas pjykno Wiosna.
Bukiet kwitkow z sobom niosła..
Z kwiotow wionek zdobjył włosy,
Poprzetykane kropelkami rosy.
Z leciutkej mgły szaty miała,
Z długim trynym jak królowa paradowała.
Kaj przechodziyła, cuda se dzioły,
Trowa się zielyniyła, kwiotki rozkwitały.
Śpiyw ptoków słychać było dokoła.
A Wiosna roześmiano do życia wszystkich woła.
Choć złośliwo zima mrozym jej dokuczyła,
Wiosna ze słońcym Jom złośliwości oduczyła.
Stromy zazieleniła, kwiotkami obsypała,
I już słabo Zima na dycki wygnała.

HEJ KAJ TA WIOSNA

Kaj ta Wiosna? kaj ta Wiosna ?
na kawie siedzi z zimom, do dioska.
Zima na majowe świjynto sprosiła,
ta se śniegym odpłaciła.
Świjyntowali dzisiej społu
teraz nie idzie wieżyć nikomu.
Za to że jom kawom czynstowała
ona i wszystko w ogrodkach skicała.
Kwiotkia pod śniegym na drzewach,
ani ptoszek dzisio nie śpjywa.
Z zimna kwiotek płatki tuli
za to Wiosna fest zabuli.
Kiedy przidzie pora zbiorów,
a na drzewach nie bydzie jabłek dwóch
Na Wiosna bydom sklinać
a dyć ona se bydzie czuła niewinna,
To niewdzienczna zima była
kero se na świjynto 3 Maja wprosiyła.
My jom wcale tu nie chcieli,
a ona nom śniegym wszystko bjyli.
Płaczom z zimna owocowe drzewa,
z zimna sikorka gniozdko piórkami okrywo.
Kaj ta Wiosna rozum miała.
Że ta zimowo marcha tu zaprosiyła.

WIOSNA IDZIE

Na niebie słonko uradowane śwjyci
i sznor gynsi mjyndzy obłokami leci.
Gawrony kajś blisko zakrakały,
i do pola wszystkie pofjurgały.
Ptoszki na stromy posiodały
i wesołe trele zaśpjywały.
Przichodź Wiosno my czekomy,
bo tej zimy dość już momy.
Wszyscy już tu na ciebie czekali
i z tynsknotom wyglondali.
Krokusy do słonka głowy wystawjom
do wiosny se z uciechom uśmjychajom
Na świat zaglondajom bazie
i wołajom,Wiosna już do nas idzie.
Gyńsipampek uśmjychnyty czeko
przeżyć zima niebyło mu leko.
A Wiosna już idzie polami,lasami
i maluje świat swojimi barwami
Zaroz wszystkim lekko se robi
i witajom Pani Wiosna z drogi.
Dość już morozow i zimy momy
teraz ciebie Wiosenko witomy.
Wiosna se na to radośnie roześmioła
i dali świat pjyknie malowała.

WIOSYNNY SŁONKO

Słonko śwjyci już nad nami,
woda ściyko kszipopami.
Śniyg zlizany już dokoła,
i jusz pjykno wiosna wolo.
Krokusy na świat zaglondajom
do słoneczka fest mrugająom
Jo do lasu se wybjyrom
zaroz botki gumowe oblykom.
Nazbjyrom se pukecik śnieżyczek
co rosnom w lesie pszi rzyce
Musza palmow tesz natargać
do boncloka na stoł se dać.
Śnieżyczkow dom do żboneczka
i z radosci zaśpjywom, jo Śonsko Frelka.
Chca mieć doma trocha woni
jusz mi wiosny żodyn nie wygoni
Dość mom zimy, momy wiosna
i jak jedyn chcymy ciepłego słońca.

NASZE ZAŁOMANIY

Jak pszidzie załomaniy,
Kej jusz myślimy, że życie ni mo synsu.
Kedy czujymy że nom se wali świat,
Obejrzycie se yno na drzewo Krziża.
Na Jezusa na nim ukrziżowanego,
I Jezus pszeżywoł załomaniy.
Kedy Judasz go zdradziył i spszedoł,
A Piotr się go wypar nisz pjyrszy kokot zapioł.
Czy i Jezusowi nie zawalył se tesz cały świat?
Ale wiedzioł że jego życie mo syns.
Kiedy Go biczowali i Krzyż na ramiona dali,
Wyśmjywali se z niego, czy nie był załomany?
Czy nie wontpjył jak człowiek?
Ale wierzył, że Pomboczek go nie opuści.
Kiedy pszidzie nasze załomaniy,
Jak jusz myślimy że zawalył nom se świat.
Jest w tym ćmoku małe światełko,
Kej do niego pójdziymy, rozbłyśnie blaskym.
Kere pomoże nom wytszimać wszystko,
To świjatło nazywo se Wiara.
A wiara czyni cuda i pomoże nom,
wytszimać w naszym załomaniu.

Maria Kostrzewa • Co w sercu śpjywo ..Co w duszy mi gro

WIELKANOCNE ŚWJYNTOWANIY

Wiosna prziszła, bociany już przifjurgały,
Bo bez swojich gniozdów deli niy wytrzimały.
A tu Świynta Wielkanocne hned bydom,
I porozjyżdżane po świecie dzieci, dudom przijadom.
Jedni za robotom za granica wyjyżdżajom,
Ci to przyjeżdżają jak yny okazyja majom.
Drudzy z rodzinami w dalekich krajach mjyszkajom,
Ci z radościom, do rodzinnych domów wrocajom.
Wszystkich, ciongnie atmosfera domu rodzinnego,
Świyntowaniy, klachaniy i loniy wodom rodu babskiego.
Takiego jak doma świyntowanio, nima nigdzi na świecie,
Każdego ciongnie do ojcow, czy chcecie czy nie chcecie.
Tukej, przeca ojcowie sami doma zostali,
Choć ciynżko przeżyli ich wyjazd, zaś bydom na nich czekali.
Jako uciecha wszyńdzi w domach bydzie,
By ugościć dzieci, wydajom wszystkie piniondze.
Żodyn se tym nie robi starości, czy styko,
Jak rynta przidzie, popłacom wszystko.
Kedy zaś odjadom, zostanom sami z różańcym w rynce,
Matka siedzi pri oknie, ojciec biere tabletki na serce.
Płaczky jednymu i drugymu z oczów kapajom,
Możno jeszcze dożyjom, aż zaś dzieci z wnukami prijadom.
Bo jak jeszcze majom tu choć z ojców jednego.
Bydom jak te ptaki ciongnyć do domu rodzinnego.
Czy bydzie wiosna, lato, jesień abo i w zimie,
Żodyn tynsknoty za domym nie utrzymie.

Maria Kostrzewa • Co w sercu śpjywo ..Co w duszy mi gro

ALLELUJA JEZUS ŻYJE!

Słonko świyci jusz od rana,
ptoszki wyśpjywujom, Aleluja! Panu chwała.
Wiosna kwiotkami wonio jusz dokoła,
Alleluja! Pan Zmartwych wstoł, Wiosna woła.

Radość wielko jusz panuje,
to co żyje wszystko se raduje.
Cicho pszczoły w kwotkach brzynczom
a kwiotka uradowane główkami kiwjom

Archanioły z nieba, stojom Jezu pszi tobie
by uslugiwac Ci,jak bydziesz w potszebie.
Alleluja! Alleluja!głośno wszyscy wołajom
a Cherubini i Serafiny pokłon Ci oddowajom.

Dzisio cołko ziymia jusz od samego rana,
dzwoni dzwonami radosno, rozśpjywano.
Alleluja! Pan Zmartwychwstoł, rozgloszajom,
A lasy, góry, rzyki i morze, głośno o tym śpjywajom.

Radość w sercach jusz dokoła panuje,
i jak dzwony, głośno serce popukuje.
Alleluja! Alleluja!Jezus żyje, echo niesie
Pan Zmartwych Powstoł, wszyscy radujymy se.

MOKRY PONIEDZIAŁEK

Mokro Frelka mokro Frela
co zimnom wodom je oblono zatela
Pisku śmjychu je dokoła
A Frelka mokro o pomoc woło.
Karlus dzisiaj jest bez litości
ani jednej Freli, niy popusci.
Mokro majom kej som frele doma.
To karlusom ojcowie otwjyrajom dwjyrza.
Leje se woda,wszystko we wodzie pływo,
niejedna frelka ucieko przez okno.
Karlusy już za rogym na nia czekajom,
i uciekająco frelka wszyscy oblywają
Nie pomogo prośba ani błaganiy.
że mo zrobiono fryzura, je oblywaniy.
Lejom żonaci swoje babeczki doma
jak je pod rynkom polywajom i oma.
Kawalyr swoja Frelka polywo porzondnie,
za to pjykno kroszonka dostanie od niy.
Roz w roku Karlusy majom zezwolyniy
bez haji wszystek Frelekt polywaniy.
Dali karlusy, do roboty se biercie
i ani jednej freli nie popuszczejcie.
Bo jak kero Frela nima polono na Wielkanoc
je niyszczyńsliwo i mo spuszczony nos.

WITOM DZISIO

Witom dziso jusz od rana
stanyłach jakoś nie wyspano
Słonko śwjyci, kawa wonio
robota mie durś pogonio.
A mie niczego se nie chce,
bo mie słonko po nosie łechce.
Co doma siedzisz, kusi mie,
wjysz jak w parku fajnie je?
Stromy lisci wypuszczajom,
Fiołki kwitnom i woniajom.
Ptoszki gniozdka se budujom
i pszi tymu pogwizdujom.
Wiosna śpjywo, wiater gro,
a na niebie śwjyca Jo.
Jezderkusie co mom robić
tak se mi chce do parku iść.
Kawa pija, medytuja,
wezna koło i startuja.
Nie uciecze mi robota
dyć porobia, kaj tam sobota.

Maria Kostrzewa • Co w sercu śpjywo ..Co w duszy mi gro

WOŃ FIOŁEK

Mjyndzy ziymiom, a niebym,
oślepione słonka promjyniem.
Zakwitły tysioncami Fiołki woniawe
i poprzetykane Fioletym białe gynsipympky na łonce.
Woniom skusiyły pszczółki robotnice,
zaprosiyły bych przy nich siadła i mie.
Wjync siodom miyndzy woniawe Fiołki szczynśliwo,
słuchom pszczółek grani i jak ptoszek śpjywo.
Kłada sie mjyndzy Fiołki woniawe i wspominom,
jako młoda dziołcha bukiecik Fiołek trzymom.
Zielonooki synek przedymnom roześmiany stoji,
wjy że lubia Fiołki i z pukecikym uciecha mi zrobi.
Woń Fiołek, śpjyw ptoków, pszczółek graniy,
wywołujom te odległe już wspomnieniy.
Pojedynczo płaczka po gymbie mi spływo,
nie wiym czy od słonica, czy od wspomnienio.
Siodom zamyślono, jak ten czas pryntko mijo,
nima już tego synka, została dziołcha yno.
Yno Fiołki majom dali woń taki som,
jaki od pukecika Fiołek do dzisiej w sercu mom.

WOŁOM LATO

Wołom lato w takie chłodne dni,
kajś je lato pszeca,chłodno mi
Lato przyszło w zwjywnej szacie
tańcowało i śpjywało jeszcze.
Kej se roześmioło promjyniście
owoce se rumjyniyły, szumiały liście.
Kej śpjywało, wszystko rozkwitało
a ptoszki z niom śpjywały wesoło.
Zaroz nad łonkom pszczółki brzynczały
świerszcze cykały,szmatyrloky tańcowały.
Swoja zwjywno szata powłóczysto miała,
ze mgły i kropelek rosy utkano blyszczała
Kej trenym powłóczystym łonki dotykała,
zaroz zielona łaka kwiotkami rozkwitała.
Kej po polach i po lasach wyndruje,
Słonko tren jej długi podtrzymuje.
Bardzo z tygo faktu słonko se raduje,
że z Latym po świecie wandruje.
Kej rano słonko wyspane wstowo.
promjyniami złotymi ziymia ogrzywo.
Osuszo szata powłóczysto ze mgły i rosy.,
i zaś zaczynajom wyndrować przez pola i lasy.
Lato kaj chce deszczym popado, wiatrym potańuje,
a złote słonko na niebie Danga namajuje.
I tak wyndruje lato ze słońcem po świecie,
czekom tu na nich,chca poprosić ich jeszcze
Niech pomalujom w łanach polne kwiotki,
czerwone maki, i modre bławatki.

Maria Kostrzewa • Co w sercu śpjywo ..Co w duszy mi gro

A MIE SE CHCE LATA

Dzisok jakiś dziyń je uślimtany
Do klachanio nimom żodne ochoty.
Nie chce se mi wylyś w tako pogoda,
Mokro na dworze i zima to siedza doma.
Na dworze pado zachmurzono i je ćma,
A mie se jeszcze chce lata i słonka.
Siedza przy oknie i na droga zaglondom.
A tam wszyscy pod paryzolami chodzom.
Siedza i se tak pjyknie o lecie marza.
Zawjyrom oczy-widza słonko na niebie i złoto plaża.
Paryzole ze trzciny co ciyń dowajom.
Widza kelnerow co se przi drinkach uwijajom
Modre morze prószone leko falom.
I jo, z brelami ciymnymi leża i se opalom.
Słonko jasno świeci, morze szumi miarowo.
Leża i odpoczywom,ale coś mi pokoj nie dowo
Ale nie chce se mi wcale z te plaże ruszać
Jedno oko, potym drugi zaczynom otwjyrać
Dyć to czjnik bez wody syczy bo załonczony je
I przesto tak duszno na te plazy mi je
Pryntko leca i kabel z gniozdkach wytargała.
Skuli mojego marzynio jeszcze bych wygorała.
Siodom, tak serce mi wali z wrażynio.
Naroz skokłach, dyć to telefon dzwonić zaczyno.
To somsiadka z naprzeciwka do mie dzwoni.
Na kawa i na klachy mom prziść do ni.
Stowom i se oblykom, dyć na dworze pado.
W tako pogoda ciepły pulower se mi prżido.
Nisz wylaza. wszystko poglondom i powyłonczom.
Dyć przy taki pogodzie człowiek napłocho byle co.

LATO, LATO, LATOO...

Lato lato latooo...cóż ci domy za to,
za słonka promienie,i za leśne cienie.
Lato, latoo... echem się rozlega
szumem rzeka woła,las wesoło śpiewa.
Lato, latoo..z latem czeka nas przygoda,
na złocistych plażach, na skalistych progach.
Lato zatańczyło wesoło na łące,
namioty ogrzało i kwiaty pachnące.
Pod wieczór zmęczone, siadło między ludzi,
i swoim widokiem, podziw wkoło budzi.
Zachodzącym słońcom,świat pomalowało,
i koncert słowików im podarowało.
Lato lato latoo... cóż ci domy za to,
za cudne miesiące,za deszcz i za słońce.
Za spacery w lesie i piegi na nosie
Lato, lato, latoo... wkoło wszystko śpiewa
i komar cichutko i szumiące drzewa.
A wesołe lato po świecie wędruje,
a tańcząc wesoło, ciepłem promieniuje.
Lato latoo... dziękujemy za to,
za ciepłe promienie i deszczu strumienie.
Za wieczory przy ognisku i światło księżyca
za spotkaną miłość i za przyjaciela
A gorące lato w sercach nam zostało
lato lato latoo wciąż cię mamy mało.

Maria Kostrzewa • Co w sercu śpjywo ..Co w duszy mi gro

IDA SZPACYRKYM

Ida szpacyrkym malowniczom polnom drogom
miyndzy łanami pszynicy i czerwonych maków.
Biołe obłoki, modre niebo zdobiom,
a jo wdychom woń pszynicy i kwiotkow.

Słońce oświytlo barwne łany promiyniami
a mi na tyn widok serce z radości śpjywo.
Widza łany malowane makami i chabrami
i czuja jakbych w zaczarowanym świecie była

Wysoko hyn na niebieskiej przestrzyni
skowroneczek radośnie nad polami wyśpjywuje.
Stadko płochych sarynek widać niedaleko
i ciche popiskiwanie z pszynicy dolatuje.

Zaczynom targać kolorowe kwiotka i śpiywom,
aż stadko kuropatw z pszynicy wyfjurgało.
Za chwila ida dali i radośnie se uśmiechom,
dziynkuja niebu że mi taki dzyń dało.

Niosa bukiet chabrów i czerwonych maków
poprzetykanym białym rumiankiym.
Kwiotek nazbiyranych z pszenicznych łanów,
pijyknie malowanych złotym słońcym.

Bukiet doma do konewki dowom
pijyknie na biołym stoliku se prezyntuje
Biera szklonka kawy i przi stoliku siodom,
bo mjyndzy polnymi kwiotkami czuja se dobrze.

NAD MOJOM KOLYBKOM.

Nad mojom kolybkom mama się schylała
i żebych zasnyła, pieśniczki śpjywała.
Śpjywała o pjykne paniynce co je w niebie,
śpjywała o małym ptoszku co śpjywo na stromie.
Nad mojom kolybkom mama się schylała,
poprawiała pjerzynka, bych nie zmar zowała.
Kej żech była głodno i żałośnie płakała,
to karmiąc mnie, po główce głaskała.
Nad mojom kolybkom mama się schylała,
i moje ronczynta do rzykania skłodała.
Pjyrsżo znak krzyża ona na głowie mi robjyła,
i małom ronczkom robić go uczyła.
Nad mojom kolybkom mama się schylała,
brała mie na rynki, świat pokazywała.
Pokozała kwiotka co kwitnom na łonce,
pokozała mi nasz dom, i jasne słońce.
Przy mojej kolybce mama dycki była,
brała mie, i na swoje kolana sadzała.
Kiedych trocha podrosła bojki mi godała,
bych o swojich korzyniach też nie zapomniała.
Przy mojej kolybce mama dycki stoła,
i tako opiekuńczo przez cołki czas była.
Pokozała mi jak dobroć i mjyłość przekozywać,
i w kożdym momencie życia, honorem się wykazywać.

BAJTLOWO KOLYBANKA.

Cicho, cicho cicho szaa...
bo na dworze już je ćma.
Lalka ziywać już zaczyno,
słaby misiek w kontku drzymo.
Piesek po cichutku chrapie,
kotek drzymie na kanapie.
Ptoszki w gniozdkach już drzymajom
już som cicho, nie śpjywajom.
Cicho cicho cicho szaa...
bo już bajtle idom spać.
Gwiozdki downo już mrugajom,
i z miesionczkym nocka oświjytlajom
Śpi już śpi mój bajtlu mały,
boś już dzisok festy je słaby.
Wypij jeszcze flaszka mlyka,
zrobisz mamie z tym uciecha.
Cicho, cicho cicho szaa...
bo na dworze już je ćma.
Mój bajtelku śpi już śpi,
yno poprawia zygłoweczek ci.
Lalki, misie, downo śpjom,
piesek z kotkym cicho chrapjom.
Cicho, cicho cicho szaa..
bajtel zamknył oczka dwa.
Cicho, cicho, cichoo szaa...
bo na dworze już je ćma.

MAMINA PIEŚNICZKA

Śpi malutko moja śpi,
pieśniczka pjykno zaśpjywom ci.
Ta co mi dycki mama śpjywała,
i to jo wtedy słodko spała.

Śpi moja dziecino, spokojnie śpi,
niech ci se przyśniom radosne dni.
Niech aniołeczki z nieba, przy tobie som,
pod skrzydełkami niech cie chroniom.
Niech ciebie w opiece mo anioł stróż,
śpi już dziecino, śpi słodko już.

Śpi maluszku moj śpi,
bo twoja mama przeje ci.
Twoje oczka malutkie zmruż,
bo gwiazdki z nieba mrugajom już.

Śpi moja dziecino, spokojnie śpi,
niech ci se przyśniom radosne dni.
Niech aniołeczki z nieba przy tobie som,
pod skrzydełkami niech cie chroniom.
Niech cie w opiece mo anioł stróż,
śpi już dziecino, śpi słodko już.

Jeszcze cie yno krzyżykiem przeżegnom
i złe sny od ciebie odegnom
Kiedy zaś rano stanie dziyń,
bydziesz wyspany, to śpi już śpi.

Maria Kostrzewa • Co w sercu śpjywo ..Co w duszy mi gro

ŚPI BAJTELKU ŚPI

Moj bajtelku śpi,
dyć jo festy pszaja ci.
Gwiozdkow z nieba bych ci dała
boch ci jedna obiecała

Hyn na niebie gwiozdka mrugo,
a za chwila mrugo drugo.
Zaroz bojka ci opowjym,
o tej bojce yno jo wjym.

Jest na niebie hyn gwiozdeczka,
co nimo swojego łożeczka.
Fest se nad tym gwiazdka smuci
i na niebie nie chce śwjycić.

Wszystkie gwiozdki jom wołajom,
Zaświyć, zaświyć namowiajom.
Gwozdka płacze i nażyko,
jo chca mieć swoje łożeczko.

A jo okno już otwjyrom,
do nas gwozdka zaroz wołom.
Przidź gwiozeczko kej nieświycisz,
mom łożeczko kaj se wyśpisz.

Bajtel mój już w jednym śpi,
moje łożko odstompia ci.
Boch bajtlowi obiecała,
że jo gwiozdka bych mu dała.

Gwiozdka płakać już przestała,
do świycynio zaroz dała.
Śpi bajtelku śpi,
gwiozdka z nieba świyci ci.

Kedy rano staniesz,
gwiozdka z nieba dostaniesz.
Bydzie w moim łożku spała.
A co wieczor bydzie niebo oświycała.

Maria Kostrzewa • Co w sercu śpjywo ..Co w duszy mi gro

LULI LULI LI....

Śpij moja dziecino
bo już dzieci downo śpiom.
Długo nocka se zaczyno,
a ty zaśni już dziecino.
Luli luli lej
spej dziecino spej,
Na zygłoweczek
twoja główka dej.
Niech ci se śniom,
aniołeczki małe.
Co by te aniołki
ciebie w opiece miały.
Luli luli lusi
spynkej w swojej kolybusi.
Spynkej se spokojnie
mama je przy tobie.

Pokolybia cie pomalutku,
i pośpjywom pocichutku.
Zmruż oczyczka twoje małe,
jutro muszom być wyspane
Luli luli laja
spi dziecina moja.
Anioł stróż stoi przy ciebie,
gwiozdki śwjycom już na niebie.
I z miesionczkym zaglondajom,
niebo ciymne oświycajom.
Luli luli li
śpi dziecino śpi...
luli luli lusi
w swojej kolybusi.
Luli luli lej
spej dziecino spej.

ŚPI JUŻ ŚPI

Śpi syneczku śpi, śpi malutki śpi,
pjykno bojka opowjym ci.
Żyła se roz pjykno wróżka,
Co nimjała swojego łożka.
Kero z gwiozdkami tańcowała,
i o złotym łożku rozmyślała.
Nad małym bajtlym cicho fjurgo,
żeby zasnył do uszka mu śpjywo.
Kej zasypioł wszystke graczky se ruszały.
Misie i koniki do rytmu przytupywały.
Wróżka pyłek złoty rozsypuje
misie i koniki uspowuje.
Już w łożeczku synek śpi,
i o pjykne wróżce śni.
Yno wrożka nikaj spać ni mjała,
siadła se na parapet i cicho śpjywała.
Śpi syneczku śpi, śpi malutki śpi
pjykno kolybanka zaśpjywom ci.
Ahahaaa, ahaha,
bo za oknym już je ćma
Gwiozdki na niebie już mrugajom
i mi sygnał swoj dowajom
Bo pofjurgom tam do nieba,
dyć i gwiozdki uspać trzeba.
Słońce musi rano wstować,
i nimogom mu zawodzać.
Ahahaaa, ahaha,
bo za oknym już je ćma.

KOLYBUSIA

W izbie przy oknie kolybka pjykno stoji.
Przy ni mama nachylono dzieciontko głoskała.
Pomalutku do spania, kolybkom kolybała.
I cichutko dzieciontku, by zasło śpjywała.

Luli luli lej spej dziecino spej,
na zygłoweczek twoja głowka dej.
Luli luli lusi spynkej w swojej kolybusi.
Spynkej se spokojnie mama je przy tobie.

Luli luli la
spi dziecina ma.
Anioł stróż stoi przy ciebie,
gwiozdki śwjycom już na niebie.
Luli luli li

śpi dziecino śpi...

Maria Kostrzewa • Co w sercu śpjywo ..Co w duszy mi gro

KOŁYSANKA

Wieczór już se zbliżo i nocka przychodzi.
Matka z maluchym na rynku, ku łożeczku podchodzi.

Kładzie do łóżeczka, zyglowek poprawio.
Na główce krzyż kryśli, i cichutko śpjywo

--Śpij dziecino moja, zamkni oczka twoje.
Niech aniołek z nieba, stanie tu przy tobie.
Niechej ci se przyśni,z aniołkym zabawa.
Cobyś moje malyństwo, spało aż do rana.--

Gwiozdki już na niebie, mrugać zaczynajom.
We swoich łożeczkach, dzieci zasypiajom.

Matka cicho nuci malyństwu swojymu
Zaś aniołek z nieba, raduje se tymu

--Śpij dziecino moja, zamkni oczka twoje.
Niech aniołek z nieba, stanie tu przy tobie.
Niechej ci se przyśni, z aniołkym zabawa.
Cobyś moje malyństwo, spało aż do rana.--

Aniołeczk z nieba, malyństwym se opiekuje.
Kiedy cicho zapłacze, skrzydełkym je otuli.

Cicho jest dokoła, wszyscy zasypiajom
A nad maluchami anioły stróże czówajom.

CICHO KOLYBANKA

Słonko zaszło już na niebie, nocka ciymno idzie już,
a ty ukochany moj bajtelku swoje oczka zmruż.
Zmruż oczka twoje malutkie i spynkej, spynkej już,
bo mama jest przy tobie,a i stoji anioł stróż.
Na niebie już,strzybne gwiozdeczky migajom,
ptoczki już w gniozdkach, downo spynkajom.
Śpjom już wszytke dzieci, i te wielkie i te małe,
już i twoje misie som słabe i ospałe.

Luli luli lej,luli luli lej,
mój bajtelku, spej.
Luli luli lej,luli luli lej,
do samego ranka pjyknie se spej.
Słoneczko na niebie już bydzie czekało,
bo i ono se downo wyspało.

Cichutynko yno zaśpjywom ci jeszcze,
bo już śpiom bajtle, we wsi i w mieście.
Śpi już piesek, kotek i króliczek mały,
spiom i ptoszki co słonku śpjywały.
Juz twoje oczka se zawjyrajom,
już aniołeczki se z tobom grajom.
Niech cie w opiece mo najświynszo pańynka,
a jo do wieczornego rzykanio se zaroz klynkna.

Luli luli lej,luli luli lej,
spynkej mój bajtelku, spej.
Luli luli lej,luli luli lej,
do samego ranka pjyknie se spej.
Słoneczko na niebie już bydzie czekało,
bo i ono se downo wyspało.

Maria Kostrzewa • Co w sercu śpjywo ..Co w duszy mi gro

NOCNO WRÓŻKA

Była roz mało nocno wróżka
co ni mjała swojego łożka.
Dzieci w łożeczkach usypiała,
a sama kaj spać ni mjała.
Też by łożeczko chciała mieć,
siedziała i popłakiwała se smutnie.
Jedna płaczka drugo, z oczu se i kulały,
jak zlatywały w złoto se zamjyniały
Kuleczki z płaczek ze złota czystego
już w złoto kolybka, pjyknie se ukłodo.
Wrożka przez płaczki zdziwiono zaglondo,
i fjurgo ku kolybce już uśmjychnyto.
Małą pjanstką płaczki wyciyro
i ciekawo co się dzieje rozglondo.
A w kolybce kołderka i zygłoweczek,
utkano z biołych puchowych chmureczek.
Pod kołderka wlazła,do zygłoweczka przytulała
zawarła oczka i w słodki śnik odpłynyła.
Słonko z promjyniami kolybka kolyboło,
uśmjychnyte, wielko uciecha z tego miało.
Wrózka co czarami radość ji zrobjyła,
nad klybkom szczyśliwo stanyła.
Szepła śpi moja dziecino, boś je jeszcze mało.
Za twoje dobre serduszko, to ci se należało.
Kiedy se już wyśpisz, i wypoczynto staniesz,
do usypianio maluchów, to ty se zabieresz.
Wietrze,a ty jej kolybanka pjykno grej,
i na zmiana, ze słonkym kolybkom kolybej.

JESIENNE WRZOSY

Kolorowe wrzosy kwitnom już dokoła,
Ostatni dziyń lata Jesiyń złoto woła.

Jaskółki na drotach robiom już zebranie.
Przed zimom odlecom żodno nie zostanie.

Jesiyń przyszła w słońcu, cało roześmiano.
Przywiodła ze sobom wiater, swego kompana.

Mgła i deszcz, doszli do nich w porze.
I tak rozpoczli wszyscy swe wojaże.

Jesiyń drzewa malowała, wiater podmuchym suszył.
Mgła dokoła sie unosiyła, deszcz dokoła moczył.

Słonko na to zaglondało, roz jasno roz wcale.
A pogoda zmierzło, co chwila im robota szykuje.

Tak wszyscy dokupy, robić bydom musieli,
Aż zima mrozym, ziymia pobiyli.

Jesiyń berło oddo, niech Zima króluje.
Bo ona swoje zrobjyła i na odpoczynek odlatuje.

Maria Kostrzewa • Co w sercu śpjywo ..Co w duszy mi gro

JESIYŃ W PARKU

Pani Jesiyń już króluje, złotym dokoła błyszczy.
Na szpacyr z rechtorkom, dzieci do parku przyszły.

A jesiyń skryto za stromami, ciekawo se tymu przyglondo.
Majom dzisio se obejżeć, jak złoto Jesiyń wyglondo.

Rechtorka zaczła od tego, że majom Jesiyń szukać.
I jak znejdom coś od Jesiyńi kozała im to zbjyrać.

Dzieci rozleciały se głośno, larma pełno narobjyły.
Tak że ze strachu, Wiewiórki se skryły.

Jesiyni se nie podobało, taki zachowani nic,a nic.
Zawołała śpioncy wiater, że mo stromami zatrzyńść.

Pofjurgały złote lisci, kasztany pozlatowały.
Z Dymbow aż żołyndzie, wiatrym pofjurgały.

Dzieci tym uradowane, kolorowe listki zbjyrały.
Żołyndzi i kasztanow, pełne kapsy miały.

Już jesiyni znak mieli, i do rechtorki lecieli.
Kej wrocali do szkoły, uciecha ze szpacyru mieli.

Pani Jesiyń z wiatrym, w kołko w parku zatańczyli.
Wiewiórki skryte, wylazly, i dali zapasy na zima robjyli.

Maria Kostrzewa • Co w sercu śpjywo ..Co w duszy mi gro

KRÓLEWNA JESIYŃ

Idzie królewna Jesiyń pjyknie przystrojona.
Z jarzymbiny ma korale, z żołyndzi korona.
W szacie z liści kolorowych, z kropelkami rosy.
Szlajer z nitek babiego lata wpnyty mo we włosy.
Chryzantym złocistych, bukiet pjykny niesie,
I tak szpaceruje roześmiano, po polach po lesie.
Dłogi tren jej szaty sztyry wiatry niesom.
Roz trzymajom delikatnie, to podmuchym podniesom.
Ptoki co zostały na zima, śpjywym Jesiyń witajom.
Wiewióreczki skoczom z uciechy, zwierzontka se ji kłaniajom.
Królewna Jesiyń, zapasy na zima wszystkim koże robić.
Uwijejcie se woło do nich, bo chnet zima bydzie chodzić.
Wiatry beskracyje w gałynziach na odpoczynek se siadły.
I tak rozrobiały że prawie wszystkie liści zs stromow spadły.
Za Jesyniom w pochodzie, damy dworu idom jeszcze.
Srebrno rosa, mlyczna mgła, kere wadzom se z deszczym.
Bo co one stworzom, deszcz im wszystko zmyje,
I dokupy z czornymi obłokami im niebo zakryje.
Kej ich usłyszała Jesiyń cicho być im kozała.
przez wiatry uniesono, w dalszo droga ich pociongła.

JESIENNA KAMRATKA

Mgła w mlycznej szacie świat nawiydzała,
po polach, łonkach, miydzy domami wszyndzi była.
Nad wodom dłuży sie dzisiej zatrzymała
ze złotom Jesieniom spotkani miała.
W dłogej zlotej szacie Jesiyń już czekała,
w swojich dłogich włosach wpnyte kwiotka miała.
Astry, dombky we wszystkich farbach,
wionek z róż miała, a z jarzymbiny w koralach.
Wiater w gałynziach siod i podsłuchiwoł,
o czym godajom, złośnik wiedzieć chcioł.
Jesiyń swoja kamratka Mgła do siebie zaprosiyła,
bo czuje sie samotno i czyńściyj by jom rada tu widziała.
Wiater z gałynzi wylecioł na Jesień roźélony,
dmuchnoł roz i drugi i mgła wygonił.
Przeca On z Jesiyniom wszyndzie wyndruje,
i bardzo obrażony przez Jesiyń sie czuje.
Dmuchnył fest i liści ze stromow poztargowoł,
deszcz na pomoc zawołoł, i stromy przewrocoł
Jesiyń jego szalyństwa downo już znała,
i tego złośnika zaroz przyhamowała.
Do tańca go wziyna, tym go przytrzymała
i roz pomału raz pryndzy do zimy z nim tańcowała.

KARTOFLISKO

Jesiyń przyszła z deszczym w porze,
słonko za chmurami, straciyli po drodze.
Na polach kartofle już ostatni kopali,
kożdy se uwijoł kopać,bo czas goni.
A na kartofliskach coś se dzieje,
i już kurz z fojerek, nad polami tańcuje.
Gromadka dzieci nać na fojerki nosi,
woń pieczonych kartofli, dokoła już kusi.
Wiater tańczył z kurzym,i w prawo i w lewo,
ale uradowanej gromadce, to nie zawadzo.
Wygrzebujom kijkami kartofle,czy som upieczone,
i jedzom ze szmakym,choć som przypolone.
Fojerki se dopalajom, kurzom trocha jeszcze,
wszyscy dudom idom, Jesiyń kropi deszczym.
Zatańczyła z wiatrym, deszcz ze sobom prziwjodła,
by se szaty nie zmoczyć dali z wiatrym odfjurgła.
A deszcz padoł, moczył wodom wszystko,
domy, lasy, łonki, pola i kartoflisko.
Słonko zza chmur wołoło do zmierzłego deszczu,
kończ padać, ziymia trzeba szykowac do siywu.
Jesiynne roboty pełnom parom idom,
uwiajajom se rolnicy niż mroźne dni przidom.

Maria Kostrzewa • Co w sercu śpjywo ..Co w duszy mi gro

JESIYŃ IDZIE

Jesiyń przyszła już z wiatrami
słońce skrywo se za chmurami.
Przez chmury zaglondo co se tu dzieje,
a tu Jesiyn świat barwami maluje.
Ze mgły w klajdzie,a na karku sznor z jarzymbiny,
mantlik jak i dłogi tren mo z barwnych liści.
Idzie pomału, paleta z barwami niesie,
tu pomaluje liści,tam zaś owoce roztomańte.
Wiater tyn beskracyjo durch koło ni tańcuje,
roz z obłokami na niebie, abo zaś liści rozciepuje.
Wrony kajś z daleka do Jesiyni już przyleciały,
i na pofyrtany wiater głośno zakrakały.
A wiater se z nich psinco robi i tańczy dokoła,
a jesiyń co świat malowała, już se do wiatru roześmioła.
Położyła barw paleta,i z wiatrym zaśpjywała,
dłogi tren z klajdu rynkom dzwigła i w tany se dała.
Słońce zza obłokow obudzone ciekawe wyjrzało,
i złotymi promjyniami wszystko pozłociyło.
Naroz skondś deszczowy obłok se przybombeloł,
ale roztańczony wiater zaroz go wygonił.
I tak Jesiyń z Wiatrym dokoła tańcuje,
kedy odpoczywo świat dokoła maluje.
Słonko z obłokami też do tańca se dali,
i tak dłogo aż zima przijdzie bydom tańcowali.

JEDNA KROPLA

Jedna kropla, druga kropla, już się rozpadało
Za chmurami kajś na niebie słoneczko drzymało.

Deszczyk pado, kwiotki nom podlywo.
Podlywo nom pola lasy i w rynnie nom śpjywo

Ptoki se już poschroniały, śpjywać se im nie chce.
Wroble yny kajś fjurgajom, szukajom se miejsce.

Moknom domy, auta, ludzie, moknom i boczony,
Borok boczon stoji na jedne nodze, i czeko w deszczu na żaby.

W kałużach na drodze czorny obłok się przeglondo
Ciekawy je marcha czy fajnie wyglondo.

Rozśpjywane wroble już se w kałuży pluskały,
I na deszczowy obłok, wszystkie pyskowały.

Deszczowy obłok wcale nic się z nich nie robjył,
Wszystkich zaroz na złość deszczem pokropjył.

Jedna kropla, druga kropla, zaś se rozpadało,
A za deszczowymi obłokami słoneczko se drzymało.

Maria Kostrzewa • Co w sercu śpjywo ..Co w duszy mi gro

RÓŻAŃCOWY PAŹDZIERNIK

Październikowa pogoda, co chwila se zmienio.
Roz deszczym płacze, roz słonkiem śpiewo.
Listki z kropelkami deszczu, w słonku srebrym błyszczom.
Na nitkach pajynczyn, krople, jak kulki różańca wiszom.
Cała ziymia, jakby teraz różańec rzykała
Tu Kasztana kulka wielko, tam czerwono Jarzymbiny mało.
Domb żołyndziami odstrojony cały, nie zostowo po zadku.
I kalina czerwono w lesie mjyndzy stromami asi se też tu
Październikowym zmierzchym, dzwony se odzywajom.
Dzwoniom, i na różaniec, wszystkich zaproszajom.
Młodzi i starsi, do kościoła rzykać idom
Usmjychnyci i spokojni, wszyscy Różaniec z sobom niesom.
Zdrowaś Maryjo Łaskiś Pełna... w skupjyniu powtarzajom.
W tym skupjyniu radość, i spokoj wszyscy odczuwajom.
Każde Zdrowaś Maryja, wyrzykane, do nieba leci.
I przed bożym tronym, bardzi niż gwiazda świyci.
Chorzy w domach, różaniec w skupjyniu rzykajom
Rzykajom i swoje cierpjynia Bogu ofiarujom
Październikowy wieczor, w noc się pomału zamjynio.
Cało ziymia z gwiazdami, do rzykajoncych se dołonczać zaczyno.

PÓJDA JO SE PÓJDA...

Pójda jo se pójda,
na cmyntorz porzykać.
Żaświycić lampeczki
i trocha popłakać.

Dyć tam mom tatulka,
downo pochowanego.
Dyć mamulka dłoge roki,
płakali o niego.

Dzisiaj już do kupy,
se obydwa leżom.
Postawia im kwiotka.
niech na grobie majom.

Pojda jo se pójda,
Na cmyntorz porzykać.
Zaświyciycić lampeczka,
i z żolu popłakać.

Stona se cichutko,
nad grobym porzykom.
Dyć mojim rzykaniym
wjyncy pszeca im dom.

Na nic wszystkie wince,
i bukety kwiotek.
Im to nic już nie do,
to je yno zbytek.

Ważniejsze je dlo nich,
kej za nich porzykom.
Niech im Pomboczek,
za to mjejsce w niebie do.

MALUTKO BARBORECZKA

Mom ze jo tu doma Barborka malutko,
Keryj ciyngiym spiywom tak cichutko
O ślonskim Berkmonie co wyngel pod żymiom kopie.
O św Barborce. kiero mo colki czas przy sobie.
Barboreczka mało, spoglondo czornymi ślypkami.
Takimi pjyknymi świyconcymi choby wyngelkami.
Śpjywom jo i śpjywom o ty Slonski ziymi.
By wiedziała Barboreczka skond my pochodzimy.
Aby kej podrośnie też godać umjała.
Aże ona Ślonsko Frelakejby se nie gańbowała.
Bo św. Barborka od kierej miano dostała.
To je berkmonow patronka kero nad nimi czuwała.
W dobrych i ciynszkich czasach z nimi była
I na wielki szacunek od nos se zasłożyła.
Śpjywom jo i śpjywom o tym czornym złocie.
Śpjywom Barboreczce o ciynszkej robocie.
By ta mało frelka to w pamjyńci mjała
I berkmonow stan wielce szanowała.

BARBÓRKA.

Na tym czornym ślonsku słonko przez chmury spoglondo.
Tam pod ziymia ono wcale nie zaglondo.
Ślaskie berkmony czorny wyngel fedrujom
Kierymi bez ustanku świjnto Barbara se opiekuje.
Kaj jest tela niyszczyńść,i niejedna matka syna opłakuje.
Siyroty ojca nimajom żona mynża opłakuje.
Tam Pomboczek berkmonow do nieba biere bo ich potrzbuje.
Tam jedyn drugymu w bjydzie i nyszczyńściu z serca pomogo.
W ciynszkich czwilach swoja przyjacielsko dłoń podowo
Prości,tam ludzie w cołki okolicy mjyszkajom.
I w wielkim szacunku swa opiekunka św,Barbara majom.

CZORNE ZŁOTO

Jest na świecie, piykno krajina,
Górny Ślonsk, tak sie nazywa.
Jak daleko siyngniesz wzrokym,
Ziymia, miyni się jak w złocie.
Czorne złoto skrywo w głymbi,
Co nom kejś, dostatek dało.
Dzisio, zostały hołdy czorne,
Niedostatek, bjyda, żole...
Cichy szyb w oddali stoji,
Kejby rycerz, we swej zbroji.
Spoglondo na lud umynczony,
Wiela potów tu wylonych?
Wiela godzin nie przespanych?
Wiela krwi przelonej?
By w wolności żyć oczekiwanej,
Dzisio cicho, kejby po bitwie przegranej.
Z martwom kopalniom, z cichom cechowniom....
O Ślonsku nasz.... kejś tak żywy.....
Z czarnym złotym w sercu skryty,
Z uśmiychym na ustach, ze śpiywym,
Wróć se nazot do nas, i do familoków,
Do ludzi stond i przybyłych, ale ślonzoków.
Co tu korzynie puściyli, do kupy fedrowali,
Dzisio... bez przyszłości zostali.
Jak daleko siyngom wzrokym,
Ziymia miyni się jak w złocie,
Czorne złoto skrywo w głymbi,
Co nom kejś........ dostatek dało.

SMUTNY BERKMON

Siedzi berkmon przy kufelku piwa
i pomalutku do swojiych myśli głowom kiwo.
Oni Barbórka terozki tukej obchodzom
wszyscy wystrojyni,i tu medalami dzielom.
Wspomino kamratow co pomboczek wzion do siebie,
kierzy teroski obchodzom Barbórka w niebie.
Siedzi, a z kontka oka mu płaczka wylatuje
i pomalutku po gymbie brozdami skapuje.
Świynto Barbaro patronkom jest żeś nom dano
przed Tobom kożdy berkmon klynko na kolano.
Ciebie o opieka kożdy z nos prosi Barbórko nasza
i jo dzyńnie o szczyńśliwo szychta durś Cie prosza
Wiela było nieszczyść, i płaczkow wypłakanych,
kej Pomboczek do nieba se broł berkmonow wybranych.
Dzisiaj Oni tam w niebie ze św, Barbarom biesiadujom
za jejich uczynki, tam Pomboczek im medale przypinajom
Ciynszko na sercu se robi berkmonowi choć muzyka gro
kożdy se bawi ale kaj jaki berkmon problym w sercu mo.
Niewiedzom co bydzie dali z jejimi robotami i grubami,
jako to bydzie kej bez roboty zostaną oni sami.
Dzisiaj Barbórka hucznie jeszcze odprawjajom
ale jako oni nadzieja na lepszo przyszłość majom.
Wspomino kamratow i tak se o nich myśli.
Coby to było kejby teraz tu wszyscy wlyźli.
Jak jedyn kozołby se im zabawić, zatańcować.
Bo mają jeden taki dzień w roku,i trza go pielyngnować.

Maria Kostrzewa • Co w sercu śpjywo ..Co w duszy mi gro

NASZO BARBÓRECZKA

Siod se roz stary Jantoń na ławce przy familoku.
Zaglondo na gruba i kapiom Mu płaczki w oczow.
Wiela On to rokow na tej grubie fedrowoł.
Wiela było nieszczyńść, i wiela kamratow pochowoł.
Śwjynto Barbóreczko co se to terozki dzieje.
Gruby zawjyrajom, roboty nima, ani nadzieje.
Zakurzył se fajfka,na gołymbie smutny zaglondo.
A z nieba se mu świynto Barbara przyglondo.
W tym godo do Jantonia tymi słowami.
Jantoń, Jantoń,dyć Jo se przeca opiekuja z wami.
Starom se o bergmonow jak pod ziymja zjyżdżajom.
.Jestech przy nich i kej wypadek majom.
Niejednego bergmona chronia przed śmierciom.
A gruby wszystkie nie zawrzom, przeca pora niechajom.
Jantoń zaś se fajfka popykoł i siedzi zamyślony.
Jak to świynto Barbóreczko godo, to bydzie bergmon stracony.
Niy bydzie stracony dej se to powiedzieć, świynto Barbara mu godo.
I na ławeczka ku smutnymu Jantoniowi se siodo.
Zaglądajom na gruba,świjnto Barbara i Jantoń z oczami smutnymi.
I tak se oba godajom o tym, co bydzie z bergmonami.
Śwjynto Barbara mu godo, nie zawracej tym głowy siebie.
Dyć przeca wiysz że je jeszcze Pomboczek w niebie.
Mom jo pomocnikow co do nieba Pomboczek z grubow pobrali.
I my to bydymy se z wami opiekować tu na grubach dali.
Uradowanymu Jantoniowi słonko płaczki z oczow ususzyło.
I godo,Barbóreczko śwjynto fajnie Mi tu z tobom było.
Bog Zapłać żeś do starego Jantonia aże na ziymia przyjść musiała.
I prosza Cie byś nos nigdy, ale to nigdy nie opuszczała.
Śwjynto Barbara wejrzała na Jantonia, przytaknyła głowom.
I ku grubie se udała kaj Jeji opieka była potrzebno.

SŁONKO W KOPALNI

Na tym czornym ślonsku słonko na gruby spoglondo.
Tam pod ziymja, festy smutne niy zaglondo.
Chciało roz słonko na dół do gruby zjechać.
Trocha im tam poświycić i zaś na niebo wyjechać.
Niy puśćyli go tam bo by se gruba zapolyła.
Bo w jego promjyniach siedzi wielko siyła.
Szukało słonko choby kaj jaki szyb znojdło.
Toby tam malutki promyk na dół wpuściyło.
Szuko i szuko, i znojść ny umi szybu nigdzi.
Jedyn szyb zawalony, drugi nieczynny widzi.
Gruby pozamykane, wszystko w gruzach leży.
Aż znojdło słonko jedyn szyb jak se noleży.
Wziynło i jedyn promyk do niego wpuśćyło,
By Berkmonom co wyngel kopiom było mjyło.
Promyk długo lecioł i swoj blask tracił.
Mioł za daleko i po drodze se wypolył.
Smutne słonko już wjyncy nie próbowało.
Poszkrobało se po głowie i na niebie czekało.
Kej berkmony z gruby po szychcie do dom pójdom.
tedy po promyku od niego na droga dostanom.
Ale po grubie świynto Barbara szpacyrowała.
I se zlitowała,bo wielki żol słonka widziała.
Wziyna od słonka jedyn promyk, niywielki.
Taki yny co Jej wloz prawie do rynki.
I zaniosła świynto Barbara pod ziymia promyk.
I oświetlyła Berkmonom czorny chodnik.
Berkmony wielce se tymu dziwowali.
Skond pod ziymom trocha słonka dostali.
Że to świynto Barbara im poświycyła, zmjarkowali.
I pokłonym, hołd Jej zarozki oddali.
A słonko nad grubom świyciyło uradowane.
Że tako zocno świynto było mu poznać dane.

IDZIE BERKMON

Idzie Berkmon na galowo, gymba mu se śmieje.
Na głowie mo Czako, na kere pióropusz se chwieje.
Pierś wypino z medalym, za ciynszko robota.
Dyć fedrowoł cołki tydziyń, i w wolno sobota.
Idzie Berkmon na galowo, i se fest raduje.
Bo dzisio Barbórka, z kumplami fajruje.
Piwko se wypijom i pospominajom.
Tych co poginyli, a pamjyńć w sercach majom
Choć zimny Grudniowy dziyń, od rana je szczyńsliwy.
Że św. Barbara mo go w pieczy przez cołky rok dłogy.
W jeja to opieka, poleco se od lot dziynnie.
Kedy zjyżdżo na doł, i kedy wyjedzie.
Idom Berkmoni na galowo, pjykni jak z obrozka.
Choć kej z gruby wyjyżdżajom, czorni som od wyngla.
Jedyn z drugim se witajom że se zaś spotkali.
Ale w sercach je pytaniy, co bydzie z grubami dali.
Kedy im kapela zagro wesoło, dokupy śpjywajom.
I se radujom, że jedyn dziyń w roku taki majom.
Idom Berkmoni na galowo, gymby majom roześmione.
A na głowach czako, na kere pióropusz se chwieje.

NA ŚLONSKYJ ZIYMI

Na ślonskyj ziymi kaj jasno słonko świyci.
Tam co dziynnie Berkmonom pot z czoła leci.
Pod głymbokom żymiom czorny wyngel kopiom
Tam śwjyntej Barbarze swoje życiy polecajom
A na wjyrchu słoneczko złote blyszczy
Rolnik w polu robi, maluch w łożeczku śpi
Berkmon słonka nie mo, lampką śwjyci w ciymności
Czorny pył do oczy wlazuje i w plucach dusi.
Myśli o swojej żonce, o dzieciach co doma mo.
I już słoneczko złote w sercu Mu rozświyco.
Bo Berkmon wielkie serce mo do swoji familije.
I skuli tego kopie wyngel od wilije do wilije.
Kej po szychcie cały i zdrowy do dom urobiony wroco.
Zaglądo na swoje dzieci i żonka to radość go za serce chyto.
Widzi słonko odbite w szczyńśliwych oczach żony.
Że wrociył do dom szczynśliwiei z radością je oczekiwany.
Choć mu tam głymboko w grubie słonka jasnego brakuje.
To teroski podwojnie to słonko w sercu swojim czuje.
Bo do śwjyntej Barbary rzyko cołko familija.
By szczynśliwie z gruby wyjechoł, bo w rzykaniu siedzi wielko siła.

JUŻ ZIMA IDZIE

Mrozik rano nom pomroził,
i ze Zimom se pod rynka chodził.
Już śniegu biołego dokoła momy,
czopky i rynkawiczki oblykomy.
Zima z mrozym już tańcuje,
słonko na nich pokukuje.
Coś mu grzoć se dzisiaj nie chce,
dyć bjydne słonko je w kropce
Zima mu zakozała grzoć
mo do ciepłych krajów gzuć.
Ona z mrozym tu króluje,
a poświcić yny go potrzebuje.
Coby śnyżno szata ji blyszczała,
kero od mrozu w prezyncie dostała.
Tańczy Zima, śniegym prószy,
a gizd mroz, szczypie w uszy.
Wiater cicho im przygrywo,
abo w gałyńziach schowany drzymo.
Pola, lasy, parki, domy,
przystrojone śniegym momy.
Jakoś ta zima przeżyć musimy,
ale o wiośnie już teraz marzymy.

PADO ŚNIYG

Pado śniyg, pado, gwiozdki z nieba lecom.
Już dokoła, śniyżne gwiozdki, srebrzyście nam świycom.
Wszystkie drzewa, szły już spać, pierzynek im trzeba.
Wiync zima, śniegowom pierzynom, otuli ziymia i drzewa.
A wroz z Paniom Zimom, wiater mroźny przygrywo.
I złośliwie raz głośno razcicho, w kominie zaśpiywo.
A śniyg pado, i pado, gwiozdki z nieba lecom.
Najbardzie że śniyg pado, dzieci już sie radujom.
Radosnego śmiychu, pisku, pełno dokoła sie rozchodzi.
I już do śniegowej wojny, na kulki dochodzi.
Jedna za drugom, kule śniegowe lotajom.
Tam sciepnom czopka tu zaś za kragel wpadnom..
Zaś ciekawe wróble, zaglondajom co się dzieje.
A tu Pani Zima, znów śniegym zawieje.
Dzieci ze śmiechym, w śniegu se kulajom
Choć nosy majom czerwone, zimy sie nie bojom.
Pado śniyg, pado, gwiozdki z nieba lecom.
Zmarznyci przechodnie, do domów drap lecom.

Maria Kostrzewa • Co w sercu śpjywo ..Co w duszy mi gro

ZE ŚNIEGA GWIOZDKI.

Na dworze śniyg i wiater fjuko,
I mały synek co gwiozdek ze śniega szuko.
Przed chwilom z nieba wszystkie pospadowały,
A teraz ich nie widzi jakby se skrywać chciały.
Kiedy se oglondo zaś śniegym posypało,
I fajnymi płatkami nad głowom zatańcowało.
Mamo,mamo!Woło, gwiozdki z nieba fjurgajom,
Czy nie bydzie gwiozdek brakować,czy nom dzisio zamrugajom.
To nie som gwiazdy z nieba,matka mu odpowiado,
Ale zrobione z kropli wody,ze śniegu gwiozdka do nos spado.
Widzisz mamo już żech se boł że wszystkie pospadajom,
I żodno na niebie nie bydzie świycić a tak fajnie migajom.
Mamo, mamo! Gwiozdki mosz we włosach,
Widzisz mój synku,ty mosz gwiozdki w twoich oczach.
Wiysz co mamo, nachytom gwiozdek i trocha se schowom,
A kto bydzie smutny to im każdymu po jednej dom.
Widzisz synku gwiozdek ze śniegu nie możesz schować,
Woda se z nich zrobi ale smutnym możesz swój uśmjych dować.
Rozdowej go dokoła to nic nie kosztuje,
A kery go weźnie roześmieje se i lepszy poczuje.
Lepiyj se poczuje i uśmiych daly podaruje,
Bo człowiek co se raduje dłożyj na świecie żyje.
I tak radujmy se dzisiej ze śniegu gwiazdkami,
I zimom co maluje okna mroźnymi kwiotkami.

JO ŚWJYNTEGO ZNOM

Jo świynego Mikołaja znom
i kożdy rok go tyż doma mom
Bo świynty je kamratym mojim
już na niygo czekom,i grzońcym stojim
Już Mikołej świynty do okna klupie
a my lotomy i jedzyni szykujymy jak gupie.
Dzisiej zjeść krupnioka sam dostanie,
yno do placu skludzi swoje sanie.
Reniferom coś domy do przegryzynio,
bo też mieli dzisiaj moc jeżdżynio.
Śniega dzisio momy aż za wiela,
a renifery musieli ciągnyć pakow tela.
Już świynty Mikołej do chałupy wlazuje
nosym pociago, slonskigo krupnioka czuje.
Ku krupnioku dowom mu ogorek kiszony
chleba też, a na koniec grzońca wypijomy.
Świynty kej pojod, podziynkowoł i godo domje-
widza że u wos na Ślonsku nojlepszy jodło je.
Ale widzisz musza już pomału se zbjyrać
i dodom z mojimy reniferami jechać.
Za rok zaś możesz mi taki krupnioki naszykować
ni moga tu dłoży siedzieć i dnia przeciągać.
Mikołej świynty siod do sonek, renifery ruszyły po niebie
a jo wołom zanim, za rok zaś byda czekała na ciebie!

Maria Kostrzewa • Co w sercu śpjywo ..Co w duszy mi gro

ZE ŚNIYGU PONEK

Pado śniyg, lecom, lecom śniyżne gwiozdki.
Bioły puch, już okrywo domy, i w parku ławki.
Przy oknach w swoich domach, dzieci siedzom.
Radujom se że jedna za drugom, śniyżne gwiozdki lecom.
Oczy z uciechy im się świycom, i z noskami przy szybie.
Wyglondajom śniyżnego kamrata, czy kajś stoji, czy jusz idzie.
Bałwanka, śniygowego ponka, z noskiem z marekwi.
Z czerwonym szalym, a zamiast oczu mo dwa czorne wyngelki.
Bałwanek, ten ucieszny, śniygowy ponek
Z gymbom uśmiotom, a na głowie mo wiaderko dane.
Bałwanek, bałwanek ten ponek śniygowy.
Przidzie tu doprowdy, jak bydzie gotowy.
Pado śniyg, pado, dzieci się radujom.
Jak śniygu napado, to na plac pridom.
Synek abo dziołszka, kożdy się raduje.
Bo kożdy, bałwanka śniyżnego lepić pójdzie.
Pado śniyg, pado śniyg, gwiazdki z nieba spadajom.
Mocka śniygu napadało, i dzieci się radujom.
Już bałwanek stoji, z gymbom roześmjonom.
I wszyscy som uradowani że zaś kamrata majom.
Wołania i radosnych głosów, pełno słychać dokoła.
Momy bałwanka, śniygowego ponka, kożde dziecko woło.
Już do domów, wszystkie dzieci poodchodziyły.
A bałwanka, śniygowego ponka, samego niechały
I bałwanek stoji, a gymba mo uśmjychnyto.
Bydzie czekoł na nich, kiedy przidom rano.
Mrozu se nie boji, to przyjaciel jego wielki.
Yny błyszczom mu oczy, te czorne wyngielki.

Maria Kostrzewa • Co w sercu śpjywo ..Co w duszy mi gro

PISMO DO DZIECIONTKA

Pisza do ciebie Dzieciontko, pisza do ciebie maluśkigo.
Z prośbom, byś zmjyniył na lepsze, taty mojigo.
Nazywam się Michał do drugi klasy chodza.
Świynta se zbliżajom, a jo yno o taki prezynt prosza.
Mama doma chodzi cołki czas smutno i upłakano.
Tata w nocy przychodzi, wrzeszczy i nas przeganio.
Prosza cie Dziciontko, prosza cie malutkie.
By już mama nie płakała, i by my mieli noce spokojniutkie.
Bo widzisz Dzieciontko, jo je jeszcze za mały.
Nie poradza mamy obronić, kiej tata przychodzi pijany.
Pszaja moje mamie, ale też mojimu tatowi.
Prosza cie dzieciontko, by już przetoł haje robić nocami.
Festy cie prosza, bych w nocy mog w moim łożku spać.
A nie z mamom i z siostrom,po nocach ze strachu uciekać.
Bardzo cie prosza, byś tak zrobjył by tata przestoł już pić.
Widzisz, nimom szczewikow na zima, a taty to nie obchodzi nic a nic.
Wjysz co,ale jo w tych dziurawych szczewikach byda dali chodzić.
Byle byś tak zrobjyło, co by tata do szynku przestoł chodzić.
Ani na Wilijo na ryba ni momy już piniyndzy.
Przez to jego picie chodza głodny, som my we wielkie nyndzy.
Jo już tyn suchy chlyb co mama dostanie,dali byda jeść.
Ale dobrego taty na prezent chciołbych od ciebie mieć
Prosza cie o takigo normalnego taty, aż już płakać z gańby przestana.
Płacza kej dzieci śmjejom se zymie, jaki to pijus je mój tata.
Wjym Dzieciontko żeś je jeszcze małe, ale prośby spełniosz
Wysłuchej moja prośba,Jo na to z nadziejom byda czekoł.
Dzynkuja Ci już teraz za tyn prezynt, Dzieciątko małe.
I pozdrowiom Cie pjyknie, twój smutny Michałek.

Maria Kostrzewa • Co w sercu śpjywo ..Co w duszy mi gro

ŚWJONTECZNY KAPER....

Świjynta na karku jusz poleku momy,
A co domy na wieczerza,to kożdy pszeca wjymy.
Kaper jest kupiony, i se we wannie po leku pływo,
Yny jako go zabić, aż ze strachu pot mi po plecach spływo.
Nejlepi go do oczka puścić, niech pożyje do lata,
Ni ni, dyć może go tam ukraść, kocur od somsiada.
Taki fajny je tyn bestyjski kocur, i pieroński mondrala,
Że ci pod rynkami ukradnie, jakbyś mu niy dała.
Kapra bych nimjała, a kocur by musioł hiby dostać,
A tak to kaperku, musisz se z życiym rozstać.
Pomboczku jedyny, jako jo go mom tu zabić,
Aż sie poca, nie poradza, a musza już dzisiej to zrobić.
Abo byda se musiała, kogo ku nimu zawołać,
Ale tako gańba,niy, niy, a że nie umja, niy moga se prziznać.
Musza go z czym pjyrsze, po łepie fest rombnyć,
Do jakej szmaty go zawina, boby mi mog z rąk wyskoczyć.
Ale byście to widzieli, jak mi po delowce skokoł,
Nie umiałach go ani utrzymać, człowiek by se aż popłakoł.
A jeszcze do tygo jak na złość,dzwonek żech do dwjyrzi usłyszała,
Kominiorz prziszeł,i on go mi zabjył,alech mu za to kawa dała.
Na drugi rok,kapra na wilijo,wom nie kupuja wcale,
Bydzie filet, a czamu? do mi go zabije, zaś kominiorz?, mondrale...

WESOŁY KULIK

Biołym śniegiym popadało, na bioło som pola całe.
Wtym tu kajś blisko, dzwoneczki zabrzyczały małe.

Jedzie kulik jedzie, sonek ciongnie długi sznor
Heja heja hej, heja heja hej, głosow z daleko słychać chór

Konik ciongnie sonki, i wesoło głowom kiwie.
Jedzie kulik jedzie, śpjyw dzwonkow echo niesie

Pani zima, mocno szczypie w nosy, wiater do taktu poświstuje.
Poświstuje, szczypie w lica, i śniegym fest czynstuje.

Jadom sanki jadom, jedne za drugimi sznorym.
A roześmiano gromadka, zaśpjywała chórym.

Pod las zajechali, ognisko zaroz rozpolyli
I jeden za drugim, na kijokach kiełbaski pjykli

Ognisko se poli, humory wszystkim dopisujom.
Stawiajom kociołek na ogniu i już grzańca szykujom.

Poli się ognisko złote, iskierki wesoło ku niebu lecom
I z płatkami śniegu, pod niebym już tańczom.

Kulik jedzie drogom, dzyń dzyń pobrzynkuje
A konik ciągnie sonki, i zadowolony podskakuje.

Maria Kostrzewa • Co w sercu śpjywo ..Co w duszy mi gro

KAPER.

We wannie pływoł, fajny kaper bachraty,
Mioł trocha szłupów, a łeb glacaty.
Ślypia wielke, okrongłe jak knefle mioł,
Borok, taki markotny, se pływoł, i pływoł.
Ni mogłach zdzierżeć, godom do niego,
Niezaglondej na mie, musza cie zabić, kolego.
Kaper pysk wystyrczył, i odpowiada z wody,
Za coś mie na śmierć skozała, mosz jakeś dowody.
Choćbyś i miała, nie udowodnisz mi niczego, niczego,,,,
Kaperku, ale jo cie rada jym, na wilija pieczonego.
Na ciepło, na zimno, z chlebym abo z kartofelzalatym,
Do tego moczka, i fajruja se potym.
Człowieku, najwiynkszymu rałbczykowi, w świynta amnestyja dajom,
A mje chcesz zjeść, ludzie litości nie majom.
Ni mocie miynsa? Pyłno w sklepach tygo leży!
Niy, my jymy ryby, bo we wilija, se tak należy.
Ryba, to znak rybaka jest, i naszej wiary,
To tradycja je, i od wieków zwyczaj stary.
Że żodyn, we wilija nie bydzie mjynsa jodać,
I tak pójdziesz na brytwanna, co byda z tobom godać.

DZIECIONTKO Z NIEBA

W Wigilijny dziyń śniyg domy i drzewa zakrywoł.
Wiater zimy dmuchoł, i w kominie śpjywoł.
Na drogach ruch był mały, już kożdy doma był
Dzieci chojinka strojyły, kożdy na wieczerzo czekoł.
Na pustej drodze mało dzioszka samotnie stoła.
I podskakujonc z zimna, cołki czas na niebo zaglondała.
Czopka miała na głowie przekryncono, nosek czerwony.
Kurtka za wielko, a kark szalikym obwjonzany.
Czekała na pjyrszo gwiazdka kero zaświyci.
Czekała bo z tej gwiozdeczki Dzieciontko zlezie do ni.
Mama ji o Dzieciontku pjyknie opowiadała.
Że jak bydzie grzeczno i pościć, bydzie go widziała.
A ona by choć roz, jak z nieba zlazuje chciała widzieć.
Wiater śniegym zawijo już i je zima, ale czeko kiedy przidzie.
Mama była w kuchni kiedy po kryjomu wylazła.
A teraz zaniepokojono jom wszyndzi szukała.
Kiedy już z mamom w ciepłej izbie siedziała.
Jo chciała widzieć Dzieciontko jak przidzie, chlipala.
Mama ji pjyrszo gwiozdka na niebie pokozała.
A jako to je z tym Dzieciontkym opowiadała.
Do wigilijnej wieczerzy zasiedli wszyscy, już nie płakała.
Bo do ni przidzie dzieciontko z prezyntym, mama i powiedziała.
Boże Dzieciontko bydzie jutro widziała w kościele.
Bo tam z mamom i tatom se na msza wybiere.

Maria Kostrzewa • Co w sercu śpjywo ..Co w duszy mi gro

WIGILIJNY WIECZÓR...

Wigilijny wieczor, na dworze dokoła już cicho.
I oświetlono chałupka staro, a w nim izbeczka mało.
W pojszczotku chojinka obstrojono śwjyci jasno.
Bijoło serweta na stole i dokoła rodzinka cało.
I ciche puste miejsce niechane przy stole.
Dlo zabłąkanego przybysza kiedy do dwjyrzi zakłupie.
Dzielynie się biołym opłatkiem to som uroczyste chwile.
I życzenia, kere kożdy, z uśmjychym przyjmuje.
Pjyrszo gwiazda, już na niebie strzybno migo.
A som wiater na dworze jynczy, i płako.
Dzieci bokym kukajom, prezentów szukajom.
I kożdej po trocha potraw wigilijnych kosztujom.
Śwjyczka na stole migo złotym blaskiym.
I oświjytlo potrawy wigilijne płomyniem jasnym.
Po Wigilijnej wieczerzy, ruch koło chojinki je.
Kożdy z uśmjychym, prezynty znejduje.
Dzieci z prezentów uciecha wielko majom.
A za oknym już na niebie gwiazdki jasno migajom.
Wtym dzwony na Pasterka wołać zaczynajom.
Śwjynta Bożego Narodzenia se rozpoczynajom.

WILIJA

Wilija wilija, wilija bez taty,
kerego Ponboczek wzion z prosto z gruby
Kupjyli my z mamom, świerkowe gałązki.
kere tak rod wonioł,kej woniały z wiosny.
Zima śniegym zasypała grob taty mojego,
a jo wololbych go tu mieć dzisio żywego.
Odgarnyl żech sniegu co gałonski domy,
i zapolył żech świyczka, tatowi od omy.
Od wrotow ku domie, śniyk żech odgarnoł
potym do strojynia chojinki żech se wzion
Pomogołech mamie jak jo yno umia,
ale czamu prawie tata zginył, tego nie rozumia.
Dyć pomboczek w niebie mo tela aniołow,
czamu on se biere ze ziymi berkmonow.
Wilija wilija, wilija bez taty,
to już nie ta samo,jak w poprzednie laty
Oma moczka ważyła, makowki szykowała,
mama smutno chodziła i pochlipowała.
Wilija w tym roku była festy smutno,
bo już na wieczerzy taty brakowało.
Już biołym opłatkym se z nim nie dzielimy,
ale przy stole puste miejsce my zostawili
Rano po mszy na cmyntarzu byłech,
i bioły opłatek tatowi zaniosłech.
Zamkłech oczy, i cicho rzykoł.
położyłech opłatek, i se poplakał.
Świynta świynta, kożdy se raduje,
a mi mojego taty fest dzisiaj brakuje.

Maria Kostrzewa • Co w sercu śpjywo ..Co w duszy mi gro

ZIMOWE MARZYNI

Bajkowom Zimom lubia marzyć.
W tych mojich marzyniach
Wyndruje zymnom Mroz
Niekiedy wiater mi pogwizduje
Śniegu płatki tańczom na dymnom
A słonko z wysoka mi se pszyglondo
Oświetlo śniyg złociście i odbijo se
W soplach lodu jak w dijamentach
Na niebie chmury pszepjykne.
Tańczom jak latym szmatyrloky.
Zima też ze stromami tańczy
Wiater na cyji pszygrywo
A Mroz psotnik aż treszczy i..
Pod nogami ucieszony się śmieje
Tańcza, a nogami pszytupuja
Wybijom rytm w zimowym tańcu
Stszybne śniegu płatki błyszczom
Moja czopka pjyknie zdobiom
Bajkowom zimom rada tak se marza
Drzewo w kominie treszczy, iskry lecom
Siedom z szolkom malinowego tyju.
Pszygryzom keksy woniawe latym
Marza i błondza oczami za oknym
po zimowej bojkowej zegrodzie
I po cichutku se pośpjywuja pieśniczka
Hej na sanki koleżanki...z dzieicństwa.

NOWY ROCZEK

Nowy Roczek prziszoł, piyknie nom wyglondoł,
Ale nie znojd zimy, wszyndzi już zaglondoł.
Nasypała śniegu, rzeki zamroziła
A teraz bez śladu kajsik se straciyła
Szukoł jom po polu, szukoł wom i w lesie,
Kej ta bestyjsko zima djobli niesie.
Nie znojd jom nigdzi w piyrszy dziyń, ani drugi,
Ale znojd to zimisko za tydziyń długi.
Jak wom na bumelce długej była,
I se pyskowała, karnawał je i ona szampan chłodziyła.
Wiater zaś tyn nacyjo, społ kajś w kominie,
I nic nie dmuchoł ani nie myśloł o zimie.
A mroz zaś wloz do lodu, też drzymoł,
I tak Nowy Rok zaroz bez kolejki robota mioł.
Ani nie musioł se meldować na bezrobotnym,
Bo z tymi bezkracyjami roboty mo do wiosny.
A jeszcze wiyncy roboty bydzie potym mioł,
Jak wiosnom mjyłosny czas żodymu za wonio.
I tak od wiosny, jak boczany bydom lotali,
To z tym rokym, i sztyry pory robota bydom mieli.
A jak jeszcze bydom se te maluchy rodzić,
To już wszyscy bydom musieli drabko kole tego chodzić.
Ażeby te 100 % prziostu nom było dane,
To tyn rok i sztyry pory bydom blank wyplompane.

Maria Kostrzewa • Co w sercu śpjywo ..Co w duszy mi gro

PANOCZEK LUTY

Prziszoł rzondzić Luty, tyn mały panoczek.
Mo za długi kabot, a na głowie kłobuk, pod nim loczek.
Dupa wcis do paskowanych galot ze szyrami.
A na szłapach mo obute boty, do kolan z cholewami.
Idzie se tak polami, depto mjyndzy chałupami.
Tu posypie śniegym, tam poskrzeczy ze wronami.
Kej mo humor, to se chodzi i z wiatrym gwizdo.
Cały śnyig rozdmucho, gałynziami huśto,
Kej z głowy kłobuk syjmnie, to słońce zaświyci.
Wroble fjurgajom i zajonc po łonce przeleci.
Niewielki je Luty, yno taki fest złośliwy,
2-3 dni mu życio barkuje aby był normalny.
Te dni życio mu jego bracia urwali.
Potym, kej go wjosna goni,nejgorszy czas mu dali.
A on złośnik z niom trocha se pomigoli
Śniegym posypie i pjyrsze kwiotka pomrozi.
Ale w tych dniach co mu życo zostało.
Napłocho honcwot jeszcze tego niemało.
Roz śniegym suje, za chwila go zmiecie.
Zaś deszczym popado, za chwila puści słońce.
Bracia miesionce go nimajom radzi.
i te 2 abo 3 dni mu bierom aże już niebroji.
A Luty rozrabiok se im durch odgrażo.
I co 4 roky, jedyn dziyń zaś dostowo nazot.
Ale kej poplocho i zaś mu go zebierom.
Dziso im powiedzioł, niech se go zeżerom.
Bo on bez tych dni co mu je zebrali.
I tak se po swojimu bydzie robić dali.

MARIA KOSTRZEWA

Powiedział kiedyś Ktoś bardzo mądry ,że niewykorzystane zdolności ofiarowane przez Boga są grzechem zaniedbania. Problem jednak tkwi w ich umiejętnym rozpoznaniu.Tak było w przypadku naszej bohaterki, która swój kunszt i talent ujawniła trochę późno .I tu można powiedzieć lepiej późno niż wcale. Maria Kostrzewa „Marichen" a dla nas po prostu Maryśka, Ślązaczka z krwi i kości .Urodziła się w Tworkowie koło Raciborza w 1947 r. gdzie nadal mieszka. Jest matką dwóch dorosłych córek ,które jak sama mówi „wyemigrowały za chlebem do Niemiec". Okresem przełomowym w jej życiu była śmierć męża. Maria zostając sama poświęciła się tym co najbardziej lubi: gotowaniu,pieczeniu/ śląski kołacz w Jej wykonaniu to po prostu niebo w gębie / pisaniu i fotografowaniu. Maria jest kobietą która doskonale umie połączyć tradycje z nowoczesnością .By nie zostać w tyle za młodym pokoleniem zainteresowała się komputerem i internetem .Zresztą ten ostatni wynalazek nowoczesności był Jej nie tylko potrzebny żeby mogła pisać ale i utrzymywać kontakt z córkami i przyjaciółmi, których Maryśce nie brakuje .Jej dom jest domem otwartym dla każdego. Kto Ją odwiedzi może być pewny że zostanie honorowo ugoszczony ,bo jak każda Ślązaczka potrafi wyczarować wspaniałe dania z niczego. Sama o sobie mówi że wyrosła między polami,lasami i wodą jak wolny ptak. To jej zostało do dzisiaj bo najlepiej odpoczywa na łonie przyrody. W Tworkowie każdy mieszkaniec utożsamia Ją z rowerem i aparatem fotograficznym. Wrażliwa na piękno przyrody przelewa swoje spostrzeżenia na papier a raczej na komputer. Pisze wiersze po Naszymu czyli w gwarze śląskiej jak i w języku literackim. A pisze dużo i o wszystkim .Kiedyś za namową wnuczki weszła na polski portal społecznościowy . Poznała tam ludzi którzy jak mówi „fest szkryflajom po śląsku".Tak to znalazła się na Portalu „Slonsko Godka". gdzie bierze czynny udział na „Slonskie Forum" i „Slonski Dom" .Do wiadomości czytelników podaję że już jak sama nazwa wskazuje „Slonski Dom" to jest nasz portal społecznościowy a „Slonskie Forum" to nasze śląskie forum .Na tych to właśnie portalach Maria Kostrzewa czuje się jak ryba w wodzie bo może wreszcie dodować swoji piykne fotki i szkryflać wiersze i opowiadania do woli czym wzbudza niekłamany zachwyt domowników. Bo czyje jak czyje ale to Jej fotografie są naprawdę prześliczne. Nie trudno Jej wstać o czwartej rano by utrwalić wschód słońca ,czy budzącą się do życia przyrodę. Ona po prostu kocha to co robi. Maria Kostrzewa jest też reporterem gazety internetowej „SlonskoZiymia". Gazeta ta została utworzona przez Administratora „Slonsko Godka" z myślą o Ślązakach mieszkających na całym świecie. Reportaże tu zamieszczane przez Marię są nasiąknięte szacunkiem, ciepłem i miłością do ludzi. Taką osobą jest właśnie Maria Kostrzewa ciepłom i pszajoncom takom dobrom Omom. Z tego powodu jest też zapraszana na różne uroczystości do szkoły czy przedszkoli. Ubrana w paradny strój śląski przekazuje młodemu pokoleniu to co najcenniejsze miłość, tradycje, przywiązanie do ziemi na której się urodziła. A dzieciaki ją uwielbiają. Jak wiele trzeba mieć uroku osobistego i ciepła żeby być tak lubianą i docenianą. Mało kto wie że Maria Kostrzewa jest też autorką tekstów kilku śląskich szlagierów. Cieszę się niezmiernie że to właśnie Ona jako pierwsza doczekała się druku swoich wierszy. Jest to pierwsza książka wydana przez nowo otwarte wydawnictwo pod nazwą „Wydawnictwo Slonsko Godka". Ja ze swej strony gratuluję Maryśce z całego serca życzę sukcesu i powodzenia na dalszej twórczej drodze. Aby siły tematy no i wena nigdy Ją nie opuszczały. Po prostu Dziękuję za to co robi dla nas i naszej Śląskiej społeczności.

Dziękuję też wszystkim tym osobom które przyczyniły się do powstania i druku tej książki.

- Regina Sobik

Made in the USA
Charleston, SC
15 February 2016